¡Vuelve maestro... vuelve!

Alfonso Lara Castilla

¡Vuelve maestro... vuelve!

EDITORIAL DIANA
MÉXICO

Diseño e ilustración de portada: Gerardo Díaz
Fotografías de interiores: Eduardo García Rangel

Avenida Presidente Masarik núm. 111, 2o. piso
Colonia Chapultepec Morales
C.P. 11570 México, D.F.
www.diana.com.mx

Primera edición: enero de 1988
Vigésima octava reimpresión: septiembre de 2008
ISBN-13: 978-968-13-1833-8
ISBN-10: 968-13-1833-1

Impreso en los talleres de Litográfica Ingramex, S.A. de C.V.
Centeno núm. 162, colonia Granjas Esmeralda, México, D.F.
Impreso y hecho en México – *Printed and made in Mexico*

Con admiración, respeto y amor al hombre. . . al PROFESIONAL. . . al Maestro. . . a todo Ser que en cada instante de su vida entrega aquello que domina y le es propio, enriqueciendo el poder y el valor interior del hombre, rescatando en estos instantes de transición, la esperanza en el destino y la fe en la grandeza de la humanidad.

Reconocimiento especial por su valiosa
colaboración a la señora
Bertha Díaz de León de Valverde

TESTIMONIO

DESDE AQUÍ, EN ESTE SEPARO OSCURO, HÚMEDO Y TRISTE, ESPERANDO LA SENTENCIA DE MUERTE. . . O LA LIBERTAD PARA CUMPLIR CON MI MISIÓN DE MAESTRO, PARTICIPO CON AMOR A LOS HOMBRES CONSCIENTES Y COMPROMETIDOS CON SU HACER PROFESIONAL, MI LEGADO, EL CUAL CONTIENE LAS EXPERIENCIAS Y REFLEXIONES ADQUIRIDAS EN LA LUCHA LIBRADA CONMIGO MISMO Y CON EL MEDIO, Y UN ANÁLISIS PROFUNDO DE LAS CIRCUNSTANCIAS Y PROBLEMÁTICA QUE LIMITAN LA PARTICIPACIÓN HUMANA, MADURA Y RESPONSABLE EN ESTE MOMENTO HISTÓRICO.

EL MAESTRO

"Con amor a los hombres conscientes y comprometidos con su hacer profesional."

El ruido hueco de candados, los gritos angustiosos de aquellos hombres que luchan por ideales superiores y el compromiso que germinaba en mi Ser, me impulsaron a plasmar en palabras veraces este legado a la juventud y a la humanidad, el cual resume el clamor, el eco de voluntades no conformistas, plenas de vocación, amor y entrega a su misión. Profesionales alejados de lo absurdo, de lo vano, que no se comportan como mediocres asalariados; seres comprometidos profesionalmente, que buscan traspasar el umbral de la nueva historia del hombre. . . quienes con sus experiencias, esfuerzo y determinación enriquecen el sentido y la esencia de la vida y de la humanidad.

Fue ese primer día de clases violento y determinante, cuando sin imaginar lo que sucedería, manifestaba ansioso y entusiasta ante mis alumnos un mensaje de compromiso, que los motivara e impulsara a la superación:

—Bienvenidos a este recinto sagrado, a esta aula que será testigo de nuestras vivencias y nuestro aprendizaje, donde conoceremos y daremos respuesta a necesidades, inquietudes y anhelos de superarnos y crecer como seres humanos. Estoy seguro de que si sellamos nuestro compromiso de compartir y hacer nuestro el aprendizaje, viviremos experiencias que nos permitirán conocer, descubrir y entrar en contacto con nuestro interior y con el medio que nos rodea. De esta forma, daremos sentido a la razón que da origen al que estemos compartiendo una responsabilidad en este momento histórico.

En esta aula, juntos descubriremos la esencia de la vida, la razón de la existencia y el luminoso futuro que aguarda a aquellos que, dispuestos a entregarse a la vida y a sus semejantes, se fortalecen con el don de la sabiduría y el conocimiento.

Mi labor será facilitar dicho conocimiento. Orientar, apoyar y dirigirlos como seres capaces de forjar su destino participando activamente en su propio proceso educativo integral. Juntos emprenderemos el maravilloso camino que conduce hacia la búsqueda del saber, experimentar, vivir y crear elementos que nos lleven a la esencia, los valores eternos y la verdad.

Un grito interrumpió:

—¡NO HAGAN CASO! . . . ¡ES UN MENTIROSO! . . .

Y asomaron por las ventanas y puertas un grupo de jóvenes vociferantes:

—¡¡A ÉL!! . . . ¡¡ES UN TRAIDOR!!

—¡HA TRAICIONADO A NUESTRA ESCUELA Y A LA PATRIA!

—¡NO DEJEN QUE SE DEFIENDA!

—¡¡ACABEN CON ÉL!!

Entraron dispuestos a todo, conocían muy bien su consigna.

—¡ÉSTE ES! —gritaron—, ¡AGÁRRENLO!

—¡ES UN MANIÁTICO! . . . ¡UN LOCO!. . .

—¡Deténganse!. . . ¡Escúchenme! —hablé con voz firme, logrando sorprenderlos y desconcertarlos por un instante. Al detenerse, con amabilidad y firmeza solicité:

—Salgan por favor del salón. ¡No tienen derecho a profanar este recinto

académico, este Templo del vivir, del saber, que merece respeto! ¿Por qué lo hacen? . . . ¿Quién los mandó? . . .

Sin escuchar, empezaron a golpearme sin piedad, a romper y tirar los pupitres, como si estuvieran desquitándose por "algo" que les habían arrebatado o hecho. Su resentimiento e ira contenidos eran como un grito de impotencia y de rencor acumulado por vender su dignidad y libertad ante intereses creados.

Sus estruendosas voces atronaban amenazantes:

—¡¡QUE NO NOS PEGUE!! ¡DÉNLE DURO! . . . ¡QUE NO SE DEFIENDA!

—¡¡AGÁRRENLO!! . . . ¡ES UN TRAIDOR!

—¡ES UN FALSO! ¡TRATA DE EMBAUCARLOS!...

En sus desorbitados ojos henchidos de odio y frustración se reflejaba la falta de sentimientos, de valores, de respeto a sí mismos y a los demás. Enloquecidos, me agredían con violencia.

No quise gritar; callado soporté los golpes; no había rencor en mi corazón. Sabía que eran jóvenes buenos pero que desconocían las causas, e inconscientes se dejaban manipular cobardemente. Dolía ver a esa juventud convertida en entes serviles y sin ideas propias, manejados por intereses ocultos.

Puedo asegurar que mis nuevos alumnos, al igual que yo, no esperábamos esa agresión tan brutal; no entendíamos lo que estaba sucediendo. Era algo tan irreal, fuera de toda lógica, que provocó nuestro desconcierto.

Aún recuerdo claramente sus caras asustadas, petrificadas, inmóviles, sin valor para defender y luchar por lo que era de ellos: su maestro.

En sus rostros se veían ansiedad y angustia por no poder actuar; frenados por "algo". ¿Sería acaso la falta de amor a sus convicciones. . . a sus ideales? . . . ¿O la corrupción de la esencia de los valores humanos?. . .

Uno de mis alumnos reaccionó valientemente, se interpuso tratando de detenerlos y les gritó:

—¡¡DÉJENLO!! . . . ¡YA NO LE PEGUEN! . . . ¡LO VAN A MATAR! ¿QUÉ HIZO?

Algunos compañeros intervinieron tratando de persuadirlo:

—¡CÁLMATE. . . NO TE METAS, SI LO SABEN NOS REPORTARÁN O NOS EXPULSARÁN A TODOS! . . . ¿QUIERES ARRUINARNOS?. . .

—¡ESTAS COSAS SON ENTRE ELLOS!

Y forcejeando lo sacaron, mientras le decían:

—¡NO LO ECHES TODO A PERDER! . . .¡NO SEAS INGENUO! . . .¡YA SABES POR QUÉ LO HACEN!. . .

El joven luchaba contra sus compañeros y éstos súbitamente lo amenazaron:

—NI TÚ, NI NOSOTROS, VAMOS A CAMBIAR LA REALIDAD. . . ¡VÁMONOS!. . .

Los agresores todavía tuvieron el descaro de gritarle:

—SI VUELVES A INTERRUMPIR, TE ACUSAREMOS. . . Y PERDERÁS EL PAPEL QUE ACREDITA TU ASISTENCIA A CLASES. . . ¡TE ACORDARÁS DE NOSOTROS! . . .

El joven resistiéndose y con profunda desesperación dijo:

—¡DÉJENME! . . . ¡DÉJENME! . . . ¿PARA QUÉ QUIERO ESE SUCIO PAPEL?. . . ¡SI EL PRECIO ES ÉSTE! . . . ¡DÉJENLO. . . VEAN LO QUE LE ESTÁN HACIENDO, ES UN SER HUMANO! . . . ¡DÉJENLO! ¡YA!. . . ¡¡LO VAN A MATAR!! . . .

Con dificultad sus compañeros lo sacaron del salón; a lo lejos se escuchaban sus angustiosos gritos, que reflejaban su impotencia ante las mayorías.

Siguieron golpeándome con más fuerza. En sus ojos veía una carga de sentimientos reprimidos, todo lo hacían a cambio de una calificación comprada, de un falso e inmerecido título.

Sin piedad, sin medir las consecuencias, me golpeaban con violencia en todo el cuerpo; deseaba inútilmente hacerlos entender:

—¡Deténganse! . . . ¡Recapaciten! . . . ¡Despierten! . . . ¡No se dejen manipular! ¡Tengan valor para luchar con coraje por lo que es suyo: su dignidad, su libertad y sus valores!

Pero mis gritos no eran escuchados. . .

No saciaban sus ansias de golpearme. De pronto, escuché que alguien los llamaba; respondieron como seres sin voluntad ni convicciones: como robots. Se retiraron en la misma forma en que habían llegado dejándome tendido y agonizante en el centro del salón.

La sangre fluía y bañaba mi rostro, impidiéndome abrir los ojos. Sentí mi cuerpo y mi Ser destrozados. Débilmente escuché, como un murmullo, voces junto a mí:

—¿ESTÁ MUERTO?. . . ¡LO ESTÁN DEJANDO MORIR!

—¿POR QUÉ A NADIE LE INTERESA?. . .

—¡¡LLAMEN A ALGUIEN!! . . .

—¡BAH! NO TE METAS, TE PUEDEN PERJUDICAR. . . DICEN POR AHÍ QUE ES UN SIMPLE TIPO QUE INTENTÓ SER "MAESTRO".

—ENTONCES, SE LO MERECÍA. CASI SIEMPRE VIVEN INSATISFECHOS Y SE DESQUITAN CON NOSOTROS.

—ALGUNOS HAN FRACASADO EN OTRA PROFESIÓN Y SÓLO LES QUEDA LA OPCIÓN DE IMPARTIR ALGUNA CLASE.

—¿TÚ CREES? . . . ¡NO TODOS SON IGUALES. . . HAY GRANDES MAESTROS QUE SE HAN GANADO EL RESPETO!

—PERO ÉSTE, POR LO QUE VEO, NO. ¡DÉJENLO! . . . ¡VÁMONOS!

Intenté moverme, demostrarles que no estaba muerto, que fluía una fuerza en mi interior que me impulsaba a cumplir con mi compromiso.

Sentí mi cuerpo flotar adormecido por el dolor, no podía imaginar cuán deshecho había quedado.

Los dolores eran intensos; sentía mi interior desgarrarse poco a poco, como si fuera el principio del final. . .

De nuevo escuché los comentarios despectivos que golpeaban mi atormentado corazón:

—¡POBRE MAESTRO!

—¡DICEN QUE ESTABA LOCO! ¡QUE ERA UN SER DETESTABLE E HIPÓCRITA, QUE ENGAÑABA CON PALABRAS Y FANTASÍAS IMPOSIBLES DE REALIZAR!

¿Habremos
perdido los
maestros el
derecho de
hablar?. . .

—¡DICEN QUE QUERÍA CAMBIAR EL MUNDO! . . . HABLANDO DE COMPROMISO Y EXCELENCIA. . . ¡BAH! ¡CHARLATÁN!

—¡ERA UN IDEALISTA! . . .

—. . .¡UN QUIJOTE A DESTIEMPO! . . . JA, JA, JA. . . QUÉ BUENO QUE SE DESHAGAN DE ESAS MALAS INFLUENCIAS. . .

—¡VÁMONOS! PARA QUÉ SE PREOCUPAN, ES SÓLO UN MAESTRO, ¡UN SIMPLE MAESTRO! MEJOR LES INVITO UN CAFÉ. . .

La burla intensificaba mi dolor y cuando traté de gritar comprobé que estaba mudo, había perdido la voz. En mi mente apareció la pregunta que durante mucho tiempo temía hacerme:

—¿Habremos perdido los maestros el derecho de hablar? . . .

El abandono total llegó; mi cuerpo se encontraba tendido, solo, inmóvil, arrojado como algo inservible e inútil. Cuando los dolores fueron más fuertes, me sentí morir.

Sólo escuchaba las pisadas de los curiosos que se aglomeraban ante las puertas y ventanas.

Después de prolongado silencio y doloroso letargo, escuché entre sueños un grito desesperado:

—¡DÉJENME PASAR! . . . ¡NO ME DETENGAN! . . . ¡NECESITO VERLO!

Sentí que una joven se arrodilló junto a mí, sollozando con ansiedad y angustia:

—¿QUÉ LE HAN HECHO?. . . ¡MAESTRO! . . . ¡NO! . . . ¡NO! ¡NO! . . . ¡NO PUEDE SER! . . . ¡POR QUÉ A USTED, MAESTRO! . . . ¡ESTO ES UNA INFAMIA! . . . ¡UNA INJUSTICIA! . . .

Con gesto bondadoso me cubrió con su chaqueta y dijo:

—¿QUÉ HA PASADO? . . . ¡ES UN SER HUMANO! DEBEMOS HACER ALGO. . . ¡ES MI MAESTRO! AYÚDENME. . . ¿EN DÓNDE ESTÁ NUESTRO ORGULLO Y NUESTRO RESPETO?. . . ¡¡DEBEMOS SALVAR NUESTRA EDUCACIÓN, LUCHAR POR NUESTRAS CONVICCIONES Y POR CONSERVAR A NUESTROS VERDADEROS MAESTROS!!

Sentí que me cargaron colocándome en una camilla improvisada. La joven, con voz ahogada por el llanto, protestó:

—¿QUIÉNES SON USTEDES?. . . ¿A DÓNDE SE LO LLEVAN?. . . ¡NUNCA LOS HABÍA VISTO AQUÍ!. . .

Y una voz fuerte gritó:

—¡NO INTERVENGA JOVENCITA, SI NO QUIERE SALIR PERJUDICADA!. . .

—¡ES MI MAESTRO! —respondió la joven—. ¡¡RESPÉTENLO, NO ES BASURA!! . . . ¡¡TRÁTENLO CON CUIDADO!!

Al bajar un escalón, emití un quejido y escuché otra vez su voz:

—¡¡ESTÁ VIVO!! . . . ¡ESTÁ VIVO! ¡ESPEREN!. . .

Y una voz burlona dijo desde afuera:

—¡LO VAN A TIRAR A LA BASURA! JA, JA, JA.

La joven volvió a interferir:

—¡NO SE BURLEN! . . . ES MI MAESTRO. . .

Estiré la mano, agradeciendo su apoyo y ella, en gesto de aliento y esperanza, con un pañuelo humedecido por su llanto, limpió la sangre de mi rostro.

Entre lágrimas, tomándome la mano con ternura expresó:

—¡¡MAESTRO!! CONFÍE. . . LA JUVENTUD NO LO ABANDONARÁ. . . NECESITA VIVIR. . . SU MISIÓN ES VITAL PARA LA HUMANIDAD. . . ¡SÁLVESE! ¡NO RENUNCIE! ¡NO SE DEJE MORIR! . . . ¡LO NECESITAMOS! . . .

Por primera vez, sentí que una luz resplandeciente inundaba de calor mi cuerpo, mis pensamientos, y daba sentido a mi vida; era la voz de la juventud que lucha por llegar a ser, por manifestarse, por alcanzar sus ideales; esa voz que grita con ansia y anhelo:

¡¡VUELVE MAESTRO!! . . .
¡VUELVE! . . . ¡TE NECESITAMOS! . . .

El camino fue lento, sin ruido de sirenas, sin familia, ni amigos. No recuerdo si dormí o perdí el sentido; no sé cuánto tiempo pasó. A través de una ventana vi el resplandor de la luna que iluminaba el lugar. Empecé por notar que estaba acostado dentro de un estrecho ataúd, con manos y pies atados, en el centro de una cripta abandonada. Por un momento no supe si estaba en otro mundo, en otra vida. Pero. . . ¿por qué sentía los dolores?. . . Lentamente, con miedo e incertidumbre toqué mi adolorido estómago, sentí mis piernas, quise comprobar que todavía estaba vivo. Fue tal mi sorpresa, que me negaba a aceptar o creer en tanta maldad del hombre. Lleno de pánico, por no poder salir del estrecho y horrible ataúd, intenté gritar:

— ¡Auxilio! . . . ¿Hay alguien ahí? . . . ¡No me dejen! . . . ¡Vengan! ¡Sáquenme de aquí! . . . ¡¡No quiero morir así!! . . . ¡Ayúdenme!

No se oían mis gritos, sólo yo los escuchaba en mi interior. . .

No podía aceptar que a nadie le importara si yo moría o vivía. Sentía el rostro hinchado, bañado en sudor y sangre. ¿Por qué tanta crueldad y saña contra la misión que desempeñaba?. . .

Desde el fondo de mi Ser brotó la decisión y el coraje de no dejarme vencer, de no claudicar.

El tiempo pasó lento. . . mis lágrimas de impotencia luchaban por barrer la sangre y las huellas de la violenta agresión.

Me dolía creer que hubieran distorsionado la verdad, fingiendo que deseaban mantener viva la profesión de maestro, cuando lo que realmente hacían era sentenciarla condenándola a desaparecer, como si fuera un estorbo; como algo en proceso de extinción.

En esa soledad, el desconcierto se aunaba a mis dolores y al temor de que se cerrara la tapa del ataúd y yo fuese enterrado vivo. Sólo el Creador y yo sabíamos que mi corazón latía y que mi espíritu estaba consciente. Que había en mí un Ser, con un profundo compromiso de vivir y amar, pleno de anhelos y deseos de dar a sus semejantes sus enseñanzas y su experiencia.

Empecé a dominarme, y a buscar caminos que me permitieran resistir, y atenuaran mi dolor. . . estaba desesperado y angustiado; era necesario que mi espíritu mantuviera la lucha y no se dejara vencer. Dejé de pensar en dónde me encontraba, traté de olvidar la realidad. Entonces apareció la imagen de mi padre, hablándome amorosamente:

—HIJO, CUALQUIER PROFESIÓN QUE ELIJAS REQUIERE VOCACIÓN Y EL DESEO DE DAR LO MEJOR QUE POSEAS, PARA TI Y PARA TUS SEMEJANTES, A CADA MOMENTO. . . EN CADA SITUACIÓN. . . TU LUCHA PERMITIRÁ QUE EN EL CAMINO NO PIERDAS LOS VALORES, LA LIBERTAD. . . Y EL RESPETO. . . HACIA TI MISMO Y HACIA LOS DEMÁS. . .

Con esa evocación reforcé mi deseo de vivir y luchar por mis convicciones. . . por continuar siendo un profesional. Sabía que si mantenía vivo mi espíritu, mi cuerpo no se doblegaría y podrían atenuarse mis dolores, sufrimiento, hambre. . . sed.

Dejé que mi cuerpo se relajara y el espíritu se nutriera de energía, venciendo al dolor que en ese momento hacía estragos y me exigía flaquear.

Evoqué un recuerdo agradable y en mi mente aparecieron mis pequeños hijos, jugando, corriendo torpemente, abrazándome y besándome, llenos de amor. Su inocencia reflejaba la belleza de la humanidad y la alegría de vivir.

También vi a mi mujer, llena de ternura; ese Ser que yo escogí para compartir y gozar juntos los momentos de alegría y tristeza; recordé nuestro profundo amor, madurado a lo largo de la vida:

—¿En dónde estarán? . . . ¿Qué les dirán? . . . ¡Cuánto estarán sufriendo! . . .

Sin embargo, me dije:

—¡Conozco su fortaleza! . . . No permanecerán pasivos ni exhibiendo su dolor, sé que lucharán por encontrarme.

Aun en esa terrible soledad no me sentía solo, los tenía a ellos, a los jóvenes y a *mi misión* de maestro. . . de profesional.

Seguí buscando el apoyo necesario para poder resistir, y entonces apareció la imagen de mi Maestro. Su presencia, su poder y grandeza eran un testimonio de vida; transmitía calor y energía. . . Era el hombre que me había enseñado a pensar, analizar, decidir y actuar por mí mismo; a buscar, gozar y sentir la riqueza de vivir plenamente como ser humano comprometido; un profesional.

Admiraba la habilidad de mi maestro para comunicar lo que poseía, para hacernos sentir que éramos alguien valioso. Tenía la delicadeza de respetar nuestros pensamientos y valores, así como nuestra naturaleza e ideales; contaba con la virtud de despertar el deseo de participar para transformar no sólo nuestro ser, sino también nuestro medio y realidad. Con él reforcé el ideal que siempre me inquietó: *Ser un gran maestro;* cada día más completo, entregado y con habilidad para facilitar la adquisición del conocimiento.

En un modesto salón de clases, en cuyo ambiente flotaba algo especial. . . fue donde mi Maestro logró que la semilla del compromiso germinara en mí; con su espíritu creativo e innovador y su aspecto y comportamiento libre, recio y franco, tenía la fuerza para guiarme hacia comportamientos auténticos; su amor devolvió a mi interior la coherencia, la armonía, el deseo de dar lo mejor de mí mismo y formar seres humanos con mayor capacidad de respuesta.

Aquél fue un encuentro con mi verdad, con mi realidad. Lo vacío, vano e irreal de mi Ser, desapareció y logré orientarme hacia lo que deseaba ser: *un auténtico profesional.*

En aquel recuerdo, uno de mis compañeros preguntó:

—MAESTRO, ¿CÓMO SE MANIFIESTA LA ENTREGA PROFESIONAL EN CUALQUIER ACTIVIDAD HUMANA?. . .

Mi Maestro contestó con sabiduría:

"LO MÁS HERMOSO QUE EL SER HUMANO PUEDE LOGRAR EN CADA ETAPA DE SU VIDA EN ESTE MUNDO, ES REALIZAR LO QUE LE GUSTA Y

DESEA HACER COMO PARTE INTEGRAL DE SU PROPIO SER.

"EN EL INSTANTE EN QUE ACTÚA CON AMOR Y CONVICCIÓN SE INICIA EL FENÓMENO MÁS MARAVILLOSO E INCREÍBLE QUE SE PUEDA MANIFESTAR EN TODO SER HUMANO: *SU ENTREGA PROFESIONAL.*

"LA ENTREGA PROFESIONAL ESTÁ RELACIONADA DIRECTAMENTE CON LA CAPACIDAD DE DAR Y DE RECIBIR. ES UNA EXPRESIÓN PURA Y ESPONTÁNEA, SIN BLOQUEOS INTERNOS, DUDAS NI VACILACIONES, SE MANIFIESTA CUANDO EL COMPROMISO INTERIOR MADURA Y SE INTEGRA AL *SER*".

Los dolores eran intensos e interrumpían mi concentración. En ese momento quería tener mi libro de apuntes, donde había plasmado las experiencias, pensamientos y orientaciones de todos mis compañeros y de mi Maestro.

Yo lo admiraba por su entrega, alegría y madurez; me enseñó a amar el conocimiento, a entender los principios, la esencia y la estructura de la ciencia, de las cosas, los seres humanos y de la vida.

Era fantástica la claridad con que resonaban en mí sus palabras:

"EN LA ENTREGA PROFESIONAL ENCONTRAREMOS EL GOZO, EL RETO, LAS INQUIETUDES, LA SATISFACCIÓN DE LAS NECESIDADES BÁSICAS Y SUPERIORES, LOS VALORES, LA PLENITUD Y LA LIBERTAD; CON LA ENTREGA, EL HOMBRE CONOCE SUS LIMITACIONES E IDENTIFICA SUS TEMORES, ES A TRAVÉS DE ELLA QUE EL SER HUMANO ALCANZA SU REALIZACIÓN Y SU TRASCENDENCIA..."

¡¡Yo sabía lo que era la entrega profesional!! . . . pero . . . ahora que estaba consciente de mi responsabilidad y razón de existir, de la importancia de mi labor, ¿por qué querían que renunciara? ¿Por qué se oponían a mi entrega profesional?. . . ¿Por qué no me permitían ser como anhelaba?. . .

Escuché nuevamente su voz:

"EL HOMBRE POSEE UNA GRAN RESERVA DE LIBERTAD INTERIOR Y AUN BAJO LAS CIRCUNSTANCIAS MÁS

ADVERSAS, SIEMPRE CUENTA CON ALTERNATIVAS MIENTRAS TENGA UN HÁLITO DE VIDA. . .

"LAS CIRCUNSTANCIAS LO LIMITAN Y CONDICIONAN, PERO NO LO DETERMINAN, ÉL ES QUIEN DECIDE SI SE SOMETE A ELLAS".

A pesar de hacer mía esa enseñanza, hubo momentos en que el hambre, la sed, los dolores, el sufrimiento y mi posición en el ataúd me hacían renegar de todo; mi energía y fortaleza flaqueaban. . . hubo instantes en que pensé desistir. . . y dejar morir al maestro dentro de mí. Pero esa voz que retumbaba en mi cerebro demostraba que aún estaba vivo.

Pensé en varias formas para escapar e intenté quitarme las amarras de mis muñecas y tobillos; fue tal el esfuerzo que empezaron a sangrar. También intenté un giro violento para volcar la caja; no me importaba golpearme, era más importante mi vida y mi libertad. Sabía que si seguía buscando maneras de escapar, lo lograría.

Escuché que alguien en la oscuridad se acercaba en silencio. ¡Había llegado mi hora! . . .Venían a terminar su acto perverso. . .

Una mano tomó mi brazo y lo punzó. . . Sentí correr por mis venas algo caliente. . . Estaba tremendamente asustado. Al abrir los ojos vi a la luz de la luna la mirada nerviosa de un joven, que intentaba comunicarme con la expresión de sus ojos y mímica, que no hiciera ruido, que sólo deseaba socorrerme.

Con amor y bondad limpió mis heridas y cambió mi incómoda postura. Me ofreció algo de comer y beber. ¡Qué alivio! . . . alguien deseaba que no muriera, y escuché conmovido su voz:

—¡¡VIVIRÁS MAESTRO!!. . . ¡VIVIRÁS ETERNAMENTE!

Al disminuir el dolor, dormí durante varias horas. Cuando desperté, seguí viendo en la oscuridad el resplandor de la luna por la ventana.

La alegría inundó mi Ser cuando, como un torrente, aparecieron en el recuerdo todos mis compañeros de escuela jugando a la hora del recreo, al "burro", a saltar la cuerda, con la pelota. De pronto, nos asustamos cuando apareció el gigante; duro. . . distante, frío, un ogro que nos pegaba con la regla y nos enviaba al rincón de los castigados.

—NO QUIERO QUE HABLEN —exigía— Y MENOS SIN MI PERMISO. . .

A todos nos jalaba de la oreja, sin importarle nuestro dolor y humillación, y para ocultar sus debilidades, gritaba:

—AQUÍ SE VIENE A ESTUDIAR Y OBEDECER, A HACER LAS COSAS COMO YO DIGA, ¿ME ENTIENDEN?. . .

Nuestra muda rebeldía consistía en no ponerle atención, en hacer ruidos, reír y burlarnos. . . Estábamos cautivos e indefensos. Y él, abusando de su autoridad, nos hacía sentir impotentes, humillados, desaprovechados, y trataba de disfrazar su mediocridad, frustración y falta de amor a su profesión. Debíamos aguantar. . . aguantar siempre. . .

Vi la imagen de mi madre, trabajando todo el día, sin descanso, esforzándose y luchando para que fuéramos cada vez mejores:

> —QUIERO QUE SEAS DIFERENTE —decía con palabras llenas de amor—, DEBES ESTUDIAR. ¡NO DEJES DE ASISTIR A LA ESCUELA! ¡POR FAVOR!. . .

Y yo le contestaba:

> *—¡Madre! . . . yo deseo aprender, pero en esa escuela no quieren que aprenda. El maestro sólo nos ordena estar quietos y callados, para él sólo somos una carga; no le importa que aprendamos o no. Vive quejándose de que no le pagan lo suficiente para vivir. De quien más se queja es del director y de sus compañeros y se desquita con*

nosotros. Dice que no le queremos ni lo comprendemos. . . bueno, eso dice. . . casi todo el tiempo nos deja solos, va a juntas con los otros maestros, a platicar y a explicar por qué está harto. . .

Mi madre deseaba entenderme. Escuchaba pero no comprendía mis problemas; su formación había sido diferente, ella aprendió que los maestros eran guías espirituales y formativos. Recordaba con admiración la calidad de entrega y de amor de sus maestros; su auténtico apostolado. Y todo fue más difícil después de aquel trágico día, cuando la llamaron de la Dirección. Al volver a casa la encontré triste y avergonzada por mi comportamiento. Vi lágrimas en sus ojos y le pregunté:

—¿Por qué lloras, madre, qué te dijeron?. . .

—LO DE SIEMPRE —contestó—, QUE ERES MUY INQUIETO, QUE INTERRUMPES LA CLASE PARA HACER PREGUNTAS, QUE NO TOMAS EL DICTADO PALABRA POR PALABRA Y NO MEMORIZAS LO QUE EL MAESTRO

DICE, QUE LO CUESTIONAS, LE EXIGES Y CUANDO ÉL ESTÁ DICTANDO DEL LIBRO, HASTA DUERMES EN CLASE.

—¡Ya no quiero volver! . . . —contesté indignado—. *Dime, ¿por qué debo aguantar? . . . ¡Odio la escuela! . . .*

Ella no contestó; me abrazó largamente y con ojos llenos de lágrimas, suplicó:

—POR FAVOR, TIENES QUE TERMINAR, HAZLO POR MÍ Y POR TU PADRE. . . TOMA —me entregó un cuaderno—, TIENES QUE HACER 50 PLANAS CON LA FRASE: "NO DEBO DESOBEDECER AL MAESTRO".

Con rabia y coraje accedí, la amaba profundamente. Prometí no hacerla sufrir. Siempre me pregunté: ¿Por qué tenía que someterme? . . . . Hasta ahora entiendo la actitud de los maestros; su finalidad era que los creyéramos superiores, y no detectáramos su inexperiencia o su profunda inseguridad, además de aumentar su control y la distancia entre ellos y nosotros.

Temían que demostráramos nuestra capacidad, juventud y alegría, por eso nos

No debo desobedecer al Maestro
No debo desobedecer al Maestro
No debo desobedecer al Maestro
No debo desobedecer al Maestro
No debo desobedecer al Maestro
No debo desobedecer al Maestro
No debo desobedecer al Maestro
No debo desobedecer al Maestro
No debo desobedecer al Maestro
No debo desobedecer al Maestro
No debo desobedecer al Maestro
No debo desobedecer al Maestro
No debo desobedecer al Maestro
No debo desobedecer al Maestro
No debo desobedecer al Maestro
No debo desobedecer al Maestro
No debo desobedecer al Maestro
No debo desobedecer al Maestro
No debo desobedecer al Maestro
No debo desobedecer al Maestro
No debo desobedecer al Maestro
No debo desobedecer al maestro
No debo desobedecer al maestro
No debo desobedecer al maestro.

humillaban e imponían duros castigos y continuamente amenazaban con reprobarnos o bajarnos puntos. Pero en realidad, sólo provocaban nuestro rechazo, a ellos y al estudio, y un profundo odio a la escuela.

En mi recuerdo, un compañero, al verme pensativo, preguntó:

—¿QUÉ SUEÑAS? . . . ¿DULCES? . . . ¿JUGUETES?. . .

—*¡No!* . . . —grité—. *Sueño con tener un maestro que nos quiera, nos guíe, nos ayude y nos quite esta flojera para estudiar. Yo te juro. . . ¡Quiero aprender!. . .*

Lleno de rabia expresé mi compromiso:

—Cuando sea grande, les demostraré lo que es ser un verdadero maestro. ¡Te lo prometo! . . .

Volvían a mi mente con claridad los rostros de mis compañeros de escuela: aburridos, durmiéndose, sin participar, pasivos, indiferentes, y la imagen tradicional del mal profesor: dictando, imponiendo castigos y revisando tareas sin prisa, tratando de agotar el tiempo. Un compañero me recordó:

—¿TRAJISTE LO QUE PIDIERON PARA EL DÍA DEL MAESTRO?. . .

—*¡No!* —respondí.

—ENTONCES, PREPÁRATE, TE VAN A REPROBAR. . .

Se borraron las imágenes, volví a la realidad, al ataúd en esa cripta oscura, en ese terrible abandono, con los intensos dolores y sufrimientos. La desesperación aumentó y despertaron en mí intensas ganas de gritar, de moverme, de zafarme las amarras; pero sabía que no debía hacerlo. Necesitaba conservar toda mi energía para poder resistir. Sin embargo, ejercitaba mis dedos y respiraba profundamente, para que mis pulmones no se atrofiaran, y recorría mentalmente mis músculos para infundirles energía, vida.

Retornaron las imágenes. Era la época de mis catorce años, cuando escribí un mensaje en el pizarrón al profesor, mientras él se encontraba intercambiando chistes y anécdotas en los pasillos con sus colegas. El mensaje decía:

"YO TE SIGO EL JUEGO,
A PESAR DE QUE TE HACES EL LOCO
PERDEMOS EL TIEMPO JUNTOS
TÚ NO ENSEÑAS NADA,
ESTOY CONFORME,
LLENA TUS HORAS, PERO,
CUANDO MENOS. . .
ESPERO QUE ME PASES"

TU CÓMPLICE

El maestro reaccionó violentamente; fuera de sí, nos gritó y para desquitarse, nos puso mala calificación a todos y nos castigó dictándonos diez hojas que

"YO TE SIGO TU JUEGO
A PESAR DE QUE TU
TE HACES EL LOCO
PERDEMOS EL TIEMPO JUNTOS
TU NO ENSEÑAS NADA,
ESTOY CONFORME,
LLENAS TUS HORAS,
PERO, CUANDO MENOS....
ESPERO QUE ME PASES."

"TU CÓMPLICE".

debíamos aprender de memoria para el día siguiente. Aun ahora no me arrepiento, recuerdo con cariño la solidaridad de mis compañeros.

Seguían desfilando las añoranzas en mi mente; de pronto aparecí hablando ante un nutrido público durante un concurso de oratoria. Con entusiasmo y elocuencia, exclamaba:

> *—El mundo necesita de una juventud que no sea humillada. Libre y segura, no maltratada ni temerosa. Una juventud que sea capaz de integrar un mundo de seres humanos dignos y plenos de confianza en sí mismos y en los destinos del hombre, con un profundo compromiso, y el valor suficiente para luchar por transformar y resolver los problemas del hambre, las guerras y la violencia. Por esto, es indispensable que los verdaderos maestros logren despertar e inculcar en la juventud el amor al estudio y a la vida, el valor y respeto a la dignidad humana, la libertad y el coraje necesarios para participar en forma creativa y comprometida en el presente y futuro de nuestra patria y de la humanidad. . .*

Se escuchó una ovación y mis amigos me felicitaron, pero al salir, el director llamó a mi padre y políticamente recomendó:

—SEÑOR, USTED CONOCE NUESTRA RESPONSABILIDAD DE CONDUCIR POR BUEN CAUCE LA EDUCACIÓN Y LOS VALORES MORALES DE NUESTROS HIJOS. EN ESTA ESCUELA ESTAMOS ORGULLOSOS DE NUESTROS MAESTROS Y DE SU ENTREGA POR EL BIEN DE LA JUVENTUD Y DE NUESTRO PAÍS, POR LO QUE LE AGRADECERÍAMOS QUE ORIENTE A SU HIJO POR EL CAMINO DE LA VERDAD. OJALÁ ENTIENDA Y RECTIFIQUE SUS CONCEPTOS, Y NO NOS ORILLE A TOMAR OTRAS MEDIDAS. . . CON PERMISO.

Mi padre fue a mi encuentro, me felicitó y tomándome del brazo con cariño manifestó:

—HIJO, CONOZCO TU CORAZÓN Y TUS INQUIETUDES, CUANDO UN HOMBRE LLEGA A ENCONTRAR EL CAMINO QUE DESEA SEGUIR POR CONVICCIÓN, DEBE MANTENERSE FIRME Y DEMOSTRAR CON LA RAZÓN

Y EL EJEMPLO, SÓLO ASÍ FLORECERÁ LA VERDAD DE SUS ACTOS Y NADIE PODRÁ DUDAR DE ELLA.

Desde ese día en la escuela, empezaron las reprimendas directas e indirectas; era doloroso e injusto ver cómo me volvían la espalda mis antiguos compañeros. Me torné retraído y solitario; no tenía otra salida, sólo aguantar, pues era una etapa necesaria para mi formación. Aprovechaba la incompetencia, la falta de vocación y profesionalismo de los profesores para que ellos mismos se pusieran en evidencia al no tener respuesta a mis preguntas, sintiéndose así amenazados.

Por mi parte estudiaba el doble o triple de lo acostumbrado para no tener que caer en los habituales juegos de "comprar, pelear o negociar" el examen y la calificación final, ni en la trampa de terminar siendo un joven conformista, sin iniciativa, poco creativo, perezoso y sin amor por la escuela. . .

¡Yo deseaba aprender, conocer, crear y participar, ser alguien! . . . Y demostrar mi convicción a través de mis manifestaciones y actos. En los niveles superiores de mi carrera, mi situación fue aún más triste y frustrante. Me molestaba la desfachatez de algunos profesores que no asistían o siempre llegaban tarde y dedicaban el tiempo a leer o recitar la lección como una grabadora, sin importarles si aprendíamos o no. Pasaban el tiempo regañándonos sin razón, degradándonos o reprimiéndonos con actos inexplicables, alterando exámenes y calificaciones, según su escaso criterio, para no tomarse la molestia de revisar.

Surgieron en mi evocadora mente imágenes de aquella fiesta inolvidable, una burla preparada para el profesor al que el grupo calificó como el más irresponsable y mediocre.

Fue toda una gran farsa; en solemne ceremonia le entregamos un pergamino en agradecimiento a su "brillante labor" y él lo aceptó con agrado, ingenuamente, ignorando nuestra ironía. Su rostro reflejaba la alegría por el reconocimiento, seguro de merecerlo pues su comportamiento rutinario de tantos años no le permitía distinguir su falta de profesionalismo. El pergamino decía:

NECESITAMOS TU PRESENCIA MAESTRO. . .

Necesitamos tu alma y tu presencia maestro. . .
no sólo tus manos, tu tiempo y tus excusas.
Necesitamos que tu SER tenga coraje y madurez
para orientarnos, alentarnos y conducirnos
sin violencia y represión.
Necesitamos que nos consideres seres humanos
que se deben moldear, no objetos vacíos por llenar,
ni problemas por controlar.
Necesitamos tu confianza . . . maestro,
y que nos aceptes como personas con un inmenso potencial,
capaz de desarrollarse, mediante un proceso educativo,
con destino y misión imprecisa,
la cual debe ser apoyada para identificarla y cumplirla;
maestro, deseamos que no nos consideres posibles
adversarios
ni futuros enemigos.
Maestro, necesitamos que ilumines
los caminos de la participación,
de la libertad y el compromiso;
para que logremos transformar
nuestra realidad y nuestro medio.
¡Necesitamos tu presencia. . . maestro!,
para que en una relación madura y comprometida,
ambos demos lo mejor de nosotros,
participando en la transformación del mundo
que hemos heredado. . .
Necesitamos tu compromiso y tu coraje,
y que entiendas tu misión y la nuestra
como seres humanos y estudiantes,
y nos encauces a cumplirla, ambos,
respetando nuestro esfuerzo y tiempo,
los cuales no tienes derecho a desperdiciar.
¡Necesitamos tu presencia. . . maestro!
Necesitamos libertad, comprensión, justicia y amor. . .

Después de escucharlo, el maestro lloró emocionado y lleno de agradecimiento. . . Jamás aceptó ni entendió el mensaje y la intención de nuestra acción y aún sigue en su cómodo puesto, impartiendo una cátedra sin contenido ni compromiso a miles de jóvenes.

Desde mi niñez busqué oportunidades para dirigir o enseñar, ¡me gustaba dar, estimular, convivir! . . . Pero en mi juventud me decepcionó el magisterio y decidí buscar otra carrera. Por ello durante años mi vocación quedó adormecida.

Apareció otra vez la imagen de mi Maestro, quien con alegría y entusiasmo expresó:

''EL SALÓN DE CLASES ES UN RECINTO SAGRADO, ES ALGO MÁGICO, DIVINO, EN DONDE UN GRUPO DE SERES HUMANOS DIRIGIDOS Y ESTIMULADOS POR UN AUTÉNTICO MAESTRO, CRECEN Y EVOLUCIONAN EN SUS CONOCIMIENTOS, HABILIDADES, VALORES Y ACTITUDES PARA TRANSFORMAR LA REALIDAD Y SU MEDIO.

''EN EL SALÓN DE CLASES SE DESARROLLAN PROCESOS QUE ALCANZAN ACTIVIDADES SIGNIFICATIVAS: SE CREA, JUEGA,

COMPITE, APRENDE, SE SUFRE Y SE GOZA: EN FIN, ¡SE VIVE! . . .

"EN EL AULA SE LOGRA EL ASOMBROSO MOMENTO DEL EQUILIBRIO Y LA ARMONÍA, CUANDO LAS VOLUNTADES MAESTRO-ALUMNO ESTÁN COMPROMETIDAS A CUMPLIR LA MISIÓN QUE LOS INTEGRA. ESTE FANTÁSTICO FENÓMENO NO SUCEDE SÓLO EN UN LUGAR ESPECÍFICO, SINO EN CUALQUIER SITIO Y MOMENTO, DONDE EXISTAN SERES DESEOSOS DE COMPARTIR EL PROCESO DE ENSEÑANZA-APRENDIZAJE.

"¡SI EXISTE EL MAESTRO, CUALQUIER LUGAR SE CONVIERTE EN RECINTO ACADÉMICO PARA EL DESARROLLO Y EVOLUCIÓN DEL HOMBRE! . . ."

Bellas eran sus palabras; sus mensajes me colmaban de alegría, y a pesar de mi situación y de todo lo que debía sufrir, ¡deseaba ardientemente volver a mi salón de clases! Seguiría su ejemplo, encauzador de miles de seres, para que lograran no sólo terminar una carrera, sino la realización plena de sus vidas.

—¡AÚN ESTÁ VIVO! . . . —escuché una voz en la penumbra.

—¿QUIÉN ES?. . .

—NO PREGUNTES, HABRÁ UN AUMENTO RAZONABLE SI LO DEJAMOS MORIR EN PAZ.

—PERO DIME, ¿QUIÉN ES? . . .

—SÓLO SÉ LO QUE LE OÍ DECIR AL JEFE, QUE ES UN MAESTRO

ALUCINADO Y QUIJOTESCO QUE HUMILLABA Y EXALTABA A LOS JÓVENES. TODOS PIDEN QUE MUERA. . .

Después de un rato escuché:

—ESTÁ TARDANDO MUCHO, ESTO YA DEBERÍA TERMINAR. . . ¡PIDAMOS NUEVAS ÓRDENES! . . .

Grité desde lo más hondo de mi Ser:

—¿Por qué están dejándome morir?. . . ¿Qué lograrán si muero?. . . ¿Por qué han desvirtuado mi misión?. . . ¿A quién perjudico?. . .

Y al no encontrar respuesta reafirmé mi convicción y se animó mi espíritu de lucha. Desde el fondo de mi alma grité:

—¡No me dejaré morir!. . .

Pero no salió sonido alguno. Dejé de pensar en el frío, en la soledad, en las paredes blancas, en las llagas que minuto a minuto intensificaban el dolor por la posición e inmovilidad de mi cuerpo. . . Deseaba que el Creador entendiera mi sufrimiento y me ayudara a resistir. . .

Esta agonía sólo era comparable al sublime dolor padecido por muchos maestros que luchan, como yo, por cumplir con su misión, así como la juventud consciente y responsable que sufre por la falta de profesionalismo de sus preceptores y de una educación integral, por mis seres queridos quienes seguramente lloraban mi prolongada ausencia.

Aún no sé de dónde surgió repentinamente una energía; esa fuerza interior que llevó a mi Ser a decidir:

—¡No desistiré! . . . Mi compromiso y amor a la humanidad me darán valor para no aceptar la desesperación y la flaqueza. . . ¡Para no claudicar!. . .

Recordé aquel momento crucial en mi vida cuando por necesidad, me convertí comodinamente en un "vendedor de mi tiempo". Caminaba por un parque, triste y deprimido; no tenía empleo ni dinero, había inseguridad y fracaso en mi corazón. De pronto alguien me abrazó por la espalda:

—TE BUSCABA —dijo—, HE PREGUNTADO POR TI EN TODAS PARTES. ¿TODAVÍA TE INTERESA VENDER UNAS HORAS?

—¡¡Sí!!. . .¡¡Sí!! . . . Gracias —contesté—. *Tú sabes cuánto lo necesito, pero, ¿qué debo hacer?. . .*

Y él, alegre y seguro, dijo:

—ALGO FÁCIL Y CÓMODO. . . ¿QUÉ CREES?. . .

—¡No lo imagino! . . .

—TE CONSEGUÍ UNAS HORAS DE CLASES.

—*¿Unas horas de clases? ¡Fantástico!* —y contento le pregunté—: *¿Sobre qué?. . .*

—NO PREGUNTES —respondió sonriente "mi amigo"— SÓLO ACEPTA. . . DESPUÉS VEREMOS QUÉ SUCEDE.

—*Y. . . ¿no me costará?. . .*

Guardó silencio y dijo:

—EN CIERTO MODO SÍ. . . ¡TODO TIENE UN PRECIO! ¿QUIÉN TE DA ALGO SIN CONDICIONES EN ESTA VIDA?. . . ¡ANÍMATE! ES ALGO QUE TE CONVIENE; AHORA VE Y ARRÉGLATE. . . TE VOY A PRESENTAR A UNOS AMIGOS. . .

Llegamos a una lujosa residencia, y admirado, pregunté:

—*¿Estás seguro de que es aquí?. . .*

—¡CLARO!. . . —*contestó*— YA VERÁS QUÉ SENCILLOS SON.

Nos recibió un mayordomo, diciendo:

—POR AQUÍ, POR FAVOR, "EL SEÑOR" LOS ESPERA.

Presentí que esta experiencia transformaría mi vida y así fue. "El señor" era una persona elegantemente vestida, que sonriente nos recibió:

—PASEN, SEAN BIENVENIDOS —nos dijo.

"Mi amigo" explicó:

—ESTA ES LA PERSONA DE QUIEN LE HABLÉ.

—YA HABRÁ TIEMPO, —contestó "el señor"— POR LO PRONTO, PÓNGANSE CÓMODOS, ¿GUSTAN TOMAR ALGO?. . .

"Mi amigo" se desenvolvía con naturalidad; yo estaba cohibido, nervioso. Durante la cena, "el señor", dándome importancia comentó:

—ME HAN HABLADO BIEN DE TI, DICEN QUE ERES UNA PERSONA LEAL Y TRANQUILA, QUE NO TRAICIONARÁS NUESTROS PRINCIPIOS. NOSOTROS

COMO TÚ, BUSCAMOS LO MEJOR PARA TODOS, SIN OFENDER NI PERJUDICAR A NADIE.

Pasó la mano por mi hombro y en tono confidencial me aseguró:

—ES SENCILLO, CON NOSOTROS NO NECESITAS ESFORZARTE MUCHO PARA GARANTIZAR TU SEGURIDAD Y JUBILACIÓN. . .

Y dirigiéndose a "mi amigo", con voz de complicidad le ordenó:

—COMÉNTALE LO QUE ESPERAMOS DE ÉL, Y DÉJALO QUE PIENSE. . .

"Mi amigo", tomándome del brazo me llevó al jardín para explicarme:

—LO QUE PEDIMOS ES SENCILLO Y MUCHO LO QUE OFRECEMOS. ES LA OPORTUNIDAD QUE TANTO HABÍAS DESEADO. NO TE ASUSTES, SÓLO QUEREMOS QUE CUBRAS TU HORARIO, QUE NO GENERES PROBLEMAS, TE INTEGRES SIN HACER MUCHAS PREGUNTAS, LIMITÁNDOTE A LO QUE HACEN LOS OTROS MAESTROS SIN

TENER CONFLICTO CON ELLOS.
¡TU LABOR ES CONTROLAR Y TENER CONTENTOS A TUS ALUMNOS!, UNO DE NUESTROS LEMAS ES: "LA ESCUELA NO ES TUYA, NO TIENES POR QUÉ REGALAR TIEMPO Y ESFUERZO." —Y en son de burla agregó—: TE ASEGURAMOS QUE TAMPOCO TE LA VAN A REGALAR. . . JA, JA, JA. . .

Reímos juntos. . . era lógico que no me la iban a regalar, pero, ¿por qué me lo advertía? "Mi amigo" siguió aclarando lo que se esperaba de mí:

—POR ESO, CUALQUIER TRABAJO U HORA ADICIONAL QUE TE REQUIERAN, COMUNÍCALA PARA QUE SEA AUTORIZADA COMO INGRESO EXTRA Y RECUERDA: "*NO DES NADA GRATIS*" . . .
TE PRESENTARÉ CON ALGUNOS COMPAÑEROS, DESDE AHORA SERÁS UNO DE LOS NUESTROS. . .
¡ANDA HOMBRE, ALEGRA ESA CARA!

Nos acercamos al grupo y todos me recibieron con mucha cordialidad. Después de reír y contar anécdotas y chistes, "mi amigo" me interrogó con preocupación:

—¿YA FUISTE?. . . ¿YA TE OFRECIERON?. . .

—No, no sé. . .¿Quién? . . . ¿En dónde?. . . —contesté confundido.

—VEO QUE TODAVÍA NO ENTIENDES. . . ENTONCES, VAMOS, TE LLEVO. —Camino de la biblioteca de la casa, me dijo—: TE ACONSEJO QUE PIDAS "HORAS TRANQUILAS" Y COMISIONES ESPECIALES. . . ¡NO ACEPTES MUCHAS HORAS FRENTE AL GRUPO!. . .

Ingenuamente pregunté:

—¿Por qué?. . .

Y con gesto de sabiduría contestó:

—SÓLO LOS TONTOS LAS ACEPTAN. . . NO QUIERO VERTE APURADO PREPARANDO CLASES, CORRIGIENDO EXÁMENES Y AGUANTANDO ALUMNOS.

— A mí me gusta dar clases.

—SSHH. . . QUE NO TE OIGAN. EL SALÓN DE CLASES ES EL LUGAR DE

MAYOR RIESGO PARA PERDER EL PRESTIGIO E INCLUSO EL TRABAJO. TE LO ADVIERTO COMO AMIGO; ENTIÉNDELO Y SIEMPRE ME LO AGRADECERÁS. . .

Nunca olvidaré ese día. Estaba tan contento que aun contra mi deseo me presté a hacer el ridículo bailando chuscamente como payaso para divertir "al señor" y a sus invitados, como me lo ordenaron. . . ¡Todos se reían de mí, se burlaban, se mofaban! Enojado conmigo mismo, salí de la casa.

Al despedirme, "el señor", como un reconocimiento, con un susurro de complicidad me dijo:

—ERES LISTO, LLÁMANOS PARA DARTE UNA "COMISIÓN ESPECIAL".

Al principio las experiencias en el salón de clases fueron ricas, despertando en mí y en mis alumnos un gran interés y una sincera entrega en ellos y en mí. Gozaba exponiendo mi cátedra e impartiendo sin reserva los conocimientos y experiencias.

Fue una época feliz, en la que aprendí a entregar lo mejor de mí mismo y a ser un maestro auténtico. La mayor satisfacción era verlos aprender.

Sin embargo, nunca supe cómo perdí el entusiasmo y como consecuencia, la autoridad ante mis alumnos. Comencé a decepcionarme; no sabía si era desagrado o enfado o simplemente apatía; me sentía molesto e infeliz con el trabajo y con la vida; la labor que desempeñaba se transformó en algo de tercera o cuarta categoría. Sabía que estaba convirtiéndome en un maestro mediocre, y nada hacía para cambiar mi actitud.

Un día se agravó mi insatisfacción, cuando escuché a un alumno decir:

—NO ENTIENDO POR QUÉ DEBEMOS ESTUDIAR UNA CARRERA Y UN POSGRADO, PARA TERMINAR COMO SIMPLES MAESTROS.

Sus palabras me hicieron sentir insignificante, frustrado, desaprovechado y devaluado, y su ironía despertó en mí coraje, desagrado y desconcierto. ¿Por qué ese menosprecio por la labor del maestro?. . . Las palabras resonaban una y otra vez. . . "Un simple maestro".

Poco a poco fui dándome cuenta de que a nadie le importaba si impartía la clase bien o mal; el aula era en realidad sólo un lugar en donde supervisaban y controlaban, y nunca se recibía estímulo o aprobación.

Y aun ahora, me pregunto:

—¿Por qué no consideran valiosa la esencia de nuestra misión?. . . Facilitar, formar, guiar, desarrollar seres humanos. . . ¿Por qué devaluamos y menospreciamos la labor en el aula?. . .

Sin desearlo, esta situación empezó a minar mi ímpetu y entrega, disminuyendo mi confianza y vocación de maestro.

Asistí a muchas reuniones estériles que sólo servían para confirmar mi apoyo y lealtad. Con eso logré llegar a ser "maestro de tiempo completo".

Aprendí que era más fácil dictar, leer en voz alta, hacer preguntas difíciles e imponer el mínimo de exámenes. . . eso era lo que "Ellos" querían y esperaban de mí.

Algo sucedió en mi interior. Perdí el deseo de preparar las clases y asistir. El día que lo hacía, el tiempo transcurría muy lentamente; repitiendo, contando los mismos chistes y anécdotas. Era tedioso. Sentía que mi imagen cada día se desvirtuaba más. Así pasé algunos años; sin compromiso ni energía, sin deseos de buscar nuevas opciones de vida, de superación, sin esperanza: vegetando.

Un día me sacudió el hecho de que mis alumnos usaran sus grabadoras para tomar el dictado y decidí volver a luchar por ser otra vez un buen maestro. Comencé por mejorar mis clases, utilizando técnicas participativas, dinamizar los grupos, estudiar y permitir una mayor participación e involucración de los alumnos y de los padres de familia, induciéndolos a integrar equipos de aprendizaje y logrando así increíbles avances. Hasta que un día supe que habían castigado a un profesor por tratar de realizar un cambio similar al mío en su forma de dirigir los procesos de enseñanza-aprendizaje.

Entre risas y críticas, con un sentimiento de solidaridad e identificación me reveló su fracaso:

—¿CONOCES LAS CONSECUENCIAS DE INTENTAR SER UN VERDADERO MAESTRO?. . . YO LO HICE . . . Y NO ME ARREPIENTO, AUNQUE SÉ QUE FUI UN TONTO AL TRATAR DE CAMBIAR, TENÍA LA OBSESIÓN DESDE HACÍA MUCHOS AÑOS DE SER EL MEJOR MAESTRO, TE LO JURO. FUI SINCERO Y MIENTRAS NO LO SUPIERON, TODO MARCHÓ MUY BIEN. ERA UNA NUEVA ALEGRÍA, ME SENTÍ FORMADOR DE HOMBRES. ESOS JÓVENES SERÍAN LA GENERACIÓN DEL FUTURO, LOS TRIUNFADORES DEL MAÑANA. . . PERO, OTROS MAESTROS ME DELATARON Y RECIBÍ MI CASTIGO.

—¿Y quiénes fueron?. . . —pregunté.

—NO TE HAGAS EL INOCENTE —contestó con profundo dolor—; TÚ LO SABES, ES EL GRUPO DE SEUDO MAESTROS, QUE ACTÚAN COMO "INTELECTUALES DE LA EDUCACIÓN",

PERO QUE EN EL FONDO SÓLO BUSCAN LA FORMA DE INCREMENTAR SU COMODIDAD, SU IMAGEN Y SEGURIDAD PARA RECIBIR MAYORES BENEFICIOS. SON LOS QUE USAN SUS GARRAS PARA DESMENUZAR LA INICIATIVA, EL ESFUERZO Y EL AMOR POR NUESTRA MISIÓN. SON LOS MERCANTILISTAS QUE FINGEN QUERER SUPERAR LA EDUCACIÓN Y ENMASCARAN SUS VERDADEROS INTERESES CUANDO SE LES CUESTIONA, PUES SE SIENTEN AMENAZADOS.

—¿No estarás exagerando?. . .

—VEO QUE NO ME CREES. . . TE LLEVARÉ A UNA REUNIÓN CON UN GRUPO DE MAESTROS Y COMPRENDERÁS LA REALIDAD. . .

Asistí a varias reuniones. Eran interesantes, divertidas y sanas. Se cantaba y se platicaba de los acontecimientos en la escuela; hablábamos sobre todo de las frustraciones e insatisfacciones que representaba la "sufrida, mal reconocida y devaluada" labor del maestro. . .

Las reuniones significaron para mí una enseñanza, aclarando mi conciencia. Además de ser divertidas, me ayudaban a entender el porqué de mis frustraciones y comportamiento, el porqué de mi cómoda actitud y reforzaban mi falta de profesionalismo y entrega.

Aún tengo grabadas en mi mente las palabras y las risas de los profesores, especialmente cuando el más simpático del grupo contaba el misterioso caso del profesor de la libretita amarilla, imitando su voz y actuando como si estuviera impartiendo la clase:

—"BUENOS DÍAS, MUCHACHOS. . . HOY HABLAREMOS UN POCO DE LOS

PROBLEMAS POLÍTICOS, DE LA GRAN INFLACIÓN Y DE LOS TIRANOS QUE NOS EXPLOTAN CON MISERABLES SUELDOS DE HAMBRE"...

Y después de hablar 15 ó 30 minutos de lo que pensaba de la situación, decía:

—"¿QUÉ VEREMOS HOY?"

—Y abriendo su libretita amarilla estropeada por el uso y el tiempo en donde tenía sus valiosos apuntes, tomados cuando le impartieron esa misma clase 25 años antes, recitaba la lección del día al pie de la letra. Nunca permitió preguntas, ni aportó algo nuevo, de su propia cosecha.

Lo peor fue el día que perdió su famosa libretita amarilla. Desorientado, lleno de angustia y desesperación, no supo qué hacer ni qué decir. Carecía de creatividad, imaginación e ingenio. No poseía su fuente de la sabiduría e, inseguro, comenzó a platicar de política, de su vida personal. Relató torpemente sus estudios e impaciente porque aún "sobraba" tiempo, tuvo una brillante idea y "doctoralmente" concedió:

—"MUCHACHOS, HOY, COMO PREMIO, LES DOY LA TARDE LIBRE, PUEDEN

SALIR. . . LA CLASE HA TERMINADO. . ."

Un compañero preguntó:

—¿Y QUÉ LE PASÓ?. . .

—NO HAN VUELTO A VERLO, ALGUIEN DIJO QUE LO CAMBIARON DE ESCUELA; OTRO, QUE LE DIERON UN PUESTO IMPORTANTE. . . DICEN QUE TODAVÍA SIGUE BUSCANDO SU FAMOSA LIBRETITA AMARILLA, LA TABLA SALVADORA A LA QUE SE AFERRABA PARA OCULTAR SU MEDIOCRIDAD. . .

Después de las carcajadas, otro compañero dijo:

—DEBEMOS FRENAR NUESTRA OFUSCACIÓN Y EL ODIO QUE NOS CONSUME Y NOS PROVOCA SENTIMIENTOS, ACTITUDES Y COMPORTAMIENTOS DESTRUCTIVOS QUE NUBLAN LA VISIÓN DE LO QUE SOMOS Y DE NUESTRA REALIDAD, Y QUE "ELLOS" APROVECHAN PARA CREAR RENCORES, ENVIDIAS Y PROPICIAR CONFLICTOS.

CUANDO UN HOMBRE PIERDE SU AUTOESTIMACIÓN Y LA REEMPLAZA

CON ODIO HACIA SÍ MISMO Y A SU REALIDAD, COMIENZA A DESTRUIRSE Y ÉSTE ES EL CASO DE MUCHOS DE NOSOTROS, QUE HEMOS PERDIDO NUESTRO PROFESIONALISMO, Y OTROS NADA HEMOS PERDIDO. . . PORQUE NUNCA LO TUVIMOS. . .

NO ES POSIBLE LOGRAR IMPARTIR UNA MEJOR EDUCACIÓN, CUANDO NOS EXIGEN UNA ACTITUD Y UN COMPORTAMIENTO DE SIMPLES ASALARIADOS ROBOTIZADOS, DEPENDIENTES, DÓCILES Y SERVILES, MIOPES Y SIN FE EN EL HOMBRE, ADEMÁS, CUANDO NUESTROS "PATRONES" ESPERAN ALGO DE NOSOTROS, LO QUE REGULARMENTE TIENE POCO QUE VER CON LA MISIÓN EDUCATIVA, TRAICIONANDO NUESTROS IDEALES Y NUESTRA VOCACIÓN, SEGUIMOS SUS PAUTAS SIN PROTESTAR.

Se hizo un silencio profundo, y después cayeron, como una tormenta, las risas y bromas. . . para acallar la chispa que despertaba en nosotros el nerviosismo, al ser descubiertas nuestras carencias y debilidades.

Otro compañero, expresó sinceramente:

—ESTOY HARTO DEL ESFUERZO ESTÉRIL DE ENVIAR CIRCULARES, NOTAS Y AVISOS PARA QUE LOS PADRES DE FAMILIA PARTICIPEN EN LA EDUCACIÓN DE SUS HIJOS Y TENER QUE LLEGAR HASTA EL CHANTAJE, YA SEA AMENAZÁNDOLOS, DANDO PREMIOS DE EXCELENCIA, BUENAS CALIFICACIONES O BAJANDO PUNTOS.

Y MÁS CANSADO ESTOY DE QUE NOS CONSIDEREN "EMPLEADOS DE LUJO", "NIÑEROS ASALARIADOS" EXCLUSIVOS PARA CUIDAR Y DISTRAER A SUS HIJOS, SIEMPRE TRATANDO DE COMPRARNOS Y HALAGARNOS PARA QUE ORIENTEMOS CON INTELIGENCIA "LA FORMACIÓN DE SUS HIJOS", Y QUE ÉSTA NO CHOQUE CON SUS INTERESES Y COMODIDAD.

—¡YO TE ORIENTARÉ! —le dijo otro compañero al ver su desconcierto.

—*¿Tú?. . .* —extrañado le preguntó.

—NO ME JUZGUES POR LO QUE AHORA SOY, SERÍAS MUY INJUSTO. CUANDO EMPECÉ ERA COMO TÚ, UN MAESTRO ESTUSIASTA QUE AMABA SU TRABAJO, Y DESEABA GANARME LA

ADMIRACIÓN Y EL RESPETO DE LOS ALUMNOS, PREPARABA MIS CLASES LO MEJOR QUE PODÍA. PERO, NO SÉ QUÉ ME PASÓ. . . AHORA ODIO ESTAR FRENTE AL GRUPO REPITIENDO LO MISMO. REPRIMIENDO Y ABUSANDO DE MI AUTORIDAD SOBRE ESOS SERES CAUTIVOS Y DÉBILES, APLICANDO FRUSTRANTES SISTEMAS OBSOLETOS QUE ALIENAN Y TE HACEN SENTIR TERRIBLEMENTE NEGATIVO. . . SI NO FUERA POR MI FAMILIA Y MI JUBILACIÓN, YA HUBIERA DEJADO ESTE TRABAJO.

—¡ESTÁS PROFUNDIZANDO DEMASIADO!. . . ¡CUIDADO! —interrumpió otro compañero que escuchaba—. ¡NO TE PREOCUPES! . . . VAS A ENTENDER POR QUÉ TE SIENTES MAL, CUANDO DESCUBRAS QUE EN ESTE OFICIO SE PUEDE PASAR TODA UNA VIDA SIN LLEGAR A SABER SI ERES COBARDE O NO. —Y con ironía prosiguió diciendo—: ESTAMOS TAN PROTEGIDOS MIENTRAS NOS "PORTAMOS BIEN", QUE NO NOS PERMITIMOS DESCUBRIR SI SOMOS UNOS VULGARES COBARDES O HÉROES GRANDIOSOS. SOMOS ESCLAVOS EMOCIONALES EN UNA PRECARIA

SITUACIÓN SOCIAL Y ECONÓMICA, CARENTES DE PODER DENTRO DE UN SISTEMA. HEMOS VENDIDO NUESTRA LIBERTAD Y MISIÓN DE MAESTROS, A CAMBIO DE "BENEFICIOS", Y DE LA MALDITA "COMODIDAD Y SEGURIDAD". ESTAMOS ENVUELTOS EN UNA REALIDAD QUE NADIE HA LOGRADO O NO HEMOS QUERIDO ENTENDER, Y QUE QUIZÁ NADIE SEA CAPAZ DE CAMBIAR. . .

Con aire despótico e ironía, otro compañero cuestionó:

—¿NUEVO, NO?. . . NO PRESUMAS, TÚ TAMBIÉN ERES DE LOS QUE CREEN TENER DERECHO DE DAR CÁTEDRA SÓLO PORQUE APRENDIERON ALGO O TERMINARON UNA CARRERA; TANTO TÚ COMO NOSOTROS DESCONOCEMOS LA NATURALEZA HUMANA, LA VERDADERA FINALIDAD DE LA EDUCACION, LOS MÉTODOS Y SISTEMAS PEDAGÓGICOS, Y ESTOY SEGURO DE QUE NO CUENTAS CON HABILIDAD PARA LOGRAR QUE TUS ALUMNOS APRENDAN.

Su desagradable actitud agresiva y grosera me enojó. Al darse cuenta cambió de tono, y expresó:

—¡NO TE ENOJES!, NO TE ESTOY AGREDIENDO, AHORA NO REQUERIMOS NADA DE ESO. . . SÓLO SOMOS MANO DE OBRA CALIFICADA, "TÉCNICOS OPERATIVOS" DE LA EDUCACIÓN, TRABAJANDO PARA UN GRUPO DE "GENIOS" QUE ESTRUCTURAN LO QUE DEBE HACERSE; ES DECIR, CORREGIR Y CONTROLAR. SÓLO SOMOS SIMPLES EJECUTANTES Y REPRODUCTORES DE LOS REQUERIMIENTOS OFICIALES, PARA ENSEÑAR A MEDIAS, SIN PREOCUPARNOS SI LOS ALUMNOS APRENDEN. SI CUMPLIMOS CON LOS CÁNONES ESTABLECIDOS, SIN CAMBIOS Y CONFORME AL PROGRAMA Y SI SOMOS "BUENOS DOCENTES", SIEMPRE NOS PROMETEN UN RECONOCIMIENTO. . . QUE NUNCA LLEGA.

Y terminó diciendo:

—¡NO SEAS INGENUO. . . MIRA POR DÓNDE CAMINAS!

—YO SÍ SOY UN INGENUO —contestó otro compañero del grupo—. ¿SABEN POR QUÉ?. . . PORQUE CON ENTUSIASMO Y LLENO DE ESPERANZA, ASISTÍ A UNA REUNIÓN PARA MEJORAR LA EDUCACIÓN. . . ¿Y

SABEN?. . . SÓLO DISCUTIMOS BENEFICIOS, DESCANSOS, VACACIONES Y PAROS. NUNCA SE TRATÓ EL TEMA DEL MEJORAMIENTO DE LA *CALIDAD EDUCATIVA* Y CUANDO EN FORMA INGENUA DIJE EN LA PLENARIA:

—"AÚN NO ENTIENDO, ¿QUÉ TIENE QUE VER ESE PLIEGO PETITORIO DE BENEFICIOS CON LA CALIDAD EDUCATIVA?". . . SE HIZO UN SILENCIO SEPULCRAL Y NADIE CONTESTÓ. CREÍA ESTAR EN LO CORRECTO, SE LOS JURO; PERO CUANDO LLEGUÉ A TRABAJAR AL OTRO DÍA, ME INFORMARON QUE ME HABÍAN CAMBIADO DE ESCUELA Y ADEMÁS ME CASTIGARON QUITÁNDOME LAS HORAS TRANQUILAS Y MIS COMISIONES.

Esas confesiones aumentaron mi desilusión y confusión pero algo dentro de mí me prevenía a no aceptar esa realidad y evitar esa influencia que apoyaba mi conducta. Dejé de asistir por largo tiempo a las reuniones. Busqué a otros maestros y aprendí a través de su ejemplo que existen profesionales auténticos, quienes a pesar de las circunstancias dan en cada momento lo mejor de sí mismos. Varias veces me pregunté:

—¿Por qué no se apoya y reconoce a los verdaderos maestros y se deja de proteger a los mediocres?. . .

Con su insistencia, los compañeros me convencieron de volver a las reuniones. En una de éstas, mientras jugábamos y cantábamos alegremente, se acercó un compañero y entre bromas balbuceó algo en mi oído. Al ver que no entendía, reclamó disgustado:

—¡NO TE HAGAS EL TONTO! . . . ¿QUÉ NO SABES LO QUE ES VENDER UNA PLAZA DE MAESTRO?. . .

—*¿Vender una plaza?. . .* —contesté extrañado—. *¿De 25 años?. . . ¿Por qué la vendes?. . .*

Lleno de frustración, decepcionado y con desesperación contestó:

—ALGÚN DÍA DESPERTARÁS DE ESTE IDEALISMO FALSO Y VACÍO. . . ¿CREES QUE VALE LA PENA LUCHAR TODA LA VIDA PARA TERMINAR SIENDO UN MAESTRO MARGINADO, POBRETÓN Y

SACRIFICADO?. . . ¿QUÉ TE SORPRENDE?. . . NO ESTOY DE ACUERDO CON QUE EN ESTE OFICIO LO ÚNICO IMPORTANTE SEA CUIDAR LA PLAZA Y ALCANZAR "ALGO" . . . AL FINAL, UNA MISERABLE JUBILACIÓN. . . —Y me confesó—: NO ME GUSTA VIVIR COMO UN MEDIOCRE ASALARIADO, SIN POSIBILIDAD DE REALIZACIÓN Y PRESO DE UNA PROFUNDA DEPENDENCIA.

Con firmeza añadió:

—¡CON EL DINERO QUE ME PROPORCIONE LA VENTA DE LA PLAZA, PUEDO GARANTIZAR UNA VEJEZ MÁS DIGNA, INVIRTIENDO EN UN NEGOCIO O EN EL BANCO. . .!

—¡PONGAN MÚSICA, MEJOR, VAMOS A CANTAR. . . Y A OLVIDAR!. . . —gritó otro compañero.

Deseoso de entender el origen de nuestra situación y salir de esa confusión que me molestaba, seguí asistiendo a las fiestas, que también habíamos logrado como una prestación.

Esas noches de desahogo transcurrían entre cantos y risas en donde los compañeros participaban sus experiencias. Todos tratábamos de justificar nuestra actitud y comportamiento como profesionales de la educación.

Conocí a un agradable compañero, con quien pude compartir mis inquietudes y anhelos. Él se expresaba con sabiduría:

> —NOS HAN ENSEÑADO O NOS HEMOS ACOSTUMBRADO A LUCHAR POR UNA SEUDO-COMODIDAD, POR CUIDAR LA "NADA", Y POR CONVENIENCIA NEGATIVA PARA LOS PROFESIONALES, SE NOS HA OLVIDADO LUCHAR POR ALCANZAR LAS CONDICIONES PROPICIAS PARA CUMPLIR NUESTRA *MISIÓN PROFESIONAL* CON EXCELENCIA Y LOGRAR LA PLENA REALIZACIÓN COMO SERES HUMANOS.
> EN NUESTRA APATÍA, NOS CONFORMAMOS CON LARGAS VACACIONES, PAROS, REGALÍAS, COMISIONES, PROMESAS Y PALABRAS VANAS, SIN DARNOS CUENTA DE QUE CARECEMOS DE VALOR, LIBERTAD INTERIOR Y COMPROMISO AUTÉNTICO CON NUESTRA VOCACIÓN.

Y con deseos de convencerme e influir en mí, siguió diciendo:

—Esta ausencia de valores y determinación, y la actitud negativa ante la *misión profesional* son las que nos han orillado a *negarnos a ser.*

Ahora lo más importante es que todos aceptemos volver a comprometernos con la misión educativa, con ese proceso que debemos enriquecer para lograr una mejor calidad de vida. El compromiso debe establecerse desde los más altos niveles, hasta cada uno de los que participamos en esta labor educativa. . . "todos" conocemos los problemas a enfrentar, que van desde la falta de comunicación y coordinación y una baja calidad académica, hasta la falta de amor al trabajo. "Todos" renegamos de la ineficiencia de los sistemas, de la escasez de recursos y de la falta de reconocimiento, pero ninguno hace algo por solucionarlos. Sólo dedicamos nuestro esfuerzo a justificarnos y buscar culpables, agravando el problema, aumentando el

SERVILISMO, LA DEPENDENCIA Y LA APATÍA Y PERMITIENDO LA INTERVENCIÓN DE INTERESES AJENOS QUE CONFUNDEN Y PROPICIAN DICHAS SITUACIONES. ES IMPORTANTE CANALIZAR NUESTRO ESFUERZO PARA ENFRENTARNOS CON VALOR A LA REALIDAD, Y COLABORAR PARA TRANSFORMARLA. ES IMPRESCINDIBLE RECUPERAR NUESTRA IMAGEN Y AUTORIDAD, QUE VOLVAMOS A GANARNOS EL RESPETO Y ADMIRACIÓN DE ALUMNOS, PADRES Y DE LA SOCIEDAD. ES FUNDAMENTAL QUE CONQUISTEMOS OTRA VEZ EL CORAZÓN DEL JOVEN, PARA QUE CON AMOR SE MANIFIESTE OBSEQUIÁNDONOS UNA MANZANA. . . ¡GANÉMONOS OTRA VEZ LA MANZANA! . . .

—¿PARA QUÉ NOS INQUIETAS?. . . —cuestionó otro compañero en forma agresiva, y burlón dijo:

—¿COMPROMISO?. . . ¡PARA QUÉ! . . . AUNQUE DEMOS BUENAS CLASES O NOS ESFORCEMOS DEMASIADO, NADIE LO RECONOCE. . . NOS PAGAN SALARIOS MISERABLES Y NOS

AUMENTARÁN LA MISMA CANTIDAD A TODOS, ¿QUÉ CASO TIENE?. . . ¿ENTIENDEN?. . . COMO PERSONAS NO SOMOS IMPORTANTES, SOMOS UN NÚMERO O UN EMPLEADO MÁS, NO LES INTERESAMOS. ADEMÁS, SI HACEMOS ALGO DIFERENTE PERDEMOS SU CONFIANZA Y EMPIEZA LA REPRESIÓN Y EL CONTROL, Y, SI LOS DEJAMOS, NOS ELIMINAN.

Enojado, intervino otro compañero pidiendo la aprobación del grupo:

—¿QUÉ CREEN?. . . FIGÚRENSE, ¡QUÉ DESFACHATEZ!. . . ME PIDEN QUE CAMBIE MIS VACACIONES PARA QUE ASISTA A UNA SESIÓN SOBRE "REFORMAS EDUCATIVAS". ¡ESTÁN LOCOS!. . . NO VOY A CAER EN EL JUEGO DE ESOS "GENIOS" QUE PIERDEN SU TIEMPO IDEANDO "REFORMAS" O "REVOLUCIONES EDUCATIVAS" QUE NUNCA SE APLICAN. SABEMOS QUE ALGUNOS LO HACEN SÓLO PARA JUSTIFICAR SU TRABAJO. . . ¡DEDICAN MUCHO ESFUERZO PARA CAMBIAR NUESTRO COMPORTAMIENTO Y ACTITUD Y NUNCA LO LOGRAN! PORQUE SON

¡Es fundamental que conquistemos otra vez el corazón del joven, para que con amor se manifieste, obsequiándonos una manzana!

¡¡Ganémonos otra vez la manzana!!

POCOS LOS QUE LES CREEN; HAN PERDIDO NUESTRA CONFIANZA. DEBERÍAN DEDICAR SUS ESFUERZOS A MODIFICAR O DESECHAR LAS "SAGRADAS CREENCIAS" EDUCATIVAS QUE YA NO FUNCIONAN, A REVIVIR INSTITUCIONES Y A ENGRANDECER NUESTRA MISIÓN, EN VEZ DE JUSTIFICARSE A TRAVÉS DE ESTOS —nos señaló a todos— CANSADOS Y EXPLOTADOS PROFESORES. JA, JA, JA. . .

Después de unas explosivas carcajadas, solicitó nuestra ayuda:

—SÉ QUE TENGO RAZÓN, PERO, ¡AYÚDENME!. . . ¿QUÉ HAGO PARA NO ENTRAR EN EL JUEGO?. . .

Se escuchó la voz de otro compañero:

—¿ALGUIEN TIENE UNA IDEA PARA AYUDAR AL COMPAÑERO?. . .

Y otro, irónico, contestó:

—¿UNA IDEA?. . . HEMOS TRABAJADO TANTOS AÑOS A UN NIVEL TAN BAJO, QUE AHORA NO

RECONOCEMOS UNA BUENA IDEA CUANDO SE PRESENTA. . . DUDO QUE LA TENGAMOS. . . JA, JA, JA. . .

Todos soltamos la carcajada, fue como el sabroso postre, que contenía una buena dosis de verdad. . .

La situación era cada día más molesta. A pesar de que contaba con un trabajo seguro, pensé en buscar otro empleo; antes de decidir solicité la orientación de un compañero de generación a quien admiraba:

—DE NADA TE SIRVE CAMBIARTE —expresó con sinceridad—; EN TODAS LAS INSTITUCIONES ESTAMOS EN LAS MISMAS CONDICIONES, CON DIFERENTES PROBLEMAS SÍ, PERO EN EL FONDO ES LO MISMO.

NO SE RECONOCE LA VERDADERA ENTREGA PROFESIONAL. EXISTEN FUERZAS INVISIBLES QUE MINAN NUESTROS ESFUERZOS, NUESTROS PENSAMIENTOS, DESEOS E ILUSIONES Y NOS DESPOJAN DE NUESTRO ANHELO DE SER Y DE REALIZARNOS, CORROEN EN CORTO TIEMPO EL INTERIOR DE LOS SERES HUMANOS, CON TERRIBLES SITUACIONES PERJUDICIALES PARA NUESTRO TRABAJO. ¿SABES?. . . HE

LLEGADO A CREER QUE EXISTE LA CONSIGNA DE FOMENTAR LA INSATISFACCIÓN, LA ENAJENACIÓN Y LA FALTA DE PROFESIONALISMO Y ASESINAR LA INTEGRIDAD, EL SIGNIFICADO, EL VALOR Y EL AMOR AL TRABAJO.

Estos argumentos restaron fuerza a mi decisión. Además me convencí de ser un privilegiado por tener trabajo seguro y de por vida. En aquella ocasión desistí de abandonar mi labor de maestro. . .
Un día, cuando creía haber logrado olvidar los problemas, y empezaba a conformarme con mi realidad, asistí a otra reunión. Me llamaron la atención las reverencias, así como la importancia que se dispensaba a una persona; se notaba la envidia que despertaba este hombre entre los compañeros, siempre estaba rodeado de un grupo y acaparaba la atención relatando algo que a todos interesaba.

Me pregunté:

—¿Ocupará un puesto importante?. . . ¿Será quien reformó una teoría educativa?. . . ¿Alguna innovación en la educación?. . .

Mientras me encontraba concentrado en mis pensamientos, se acercó un compañero y me invitó:

—¡VEN, ACERQUÉMONOS, ESTOY DESEOSO DE OÍR SUS PALABRAS! . . . EN VERDAD LO ENVIDIO, ¡ES UN BRILLANTE PROFESIONAL!. . . NO ES FÁCIL QUE TE REVELE SU SECRETO, PRIMERO NECESITAS CONQUISTARLO, ¡ES EL MÁS LISTO DE TODOS! . . .

—*¿Su secreto?* —pregunté extrañado.

—¡NO HA QUERIDO REVELARLO!. . . —Y como si fuera algo de gran importancia, preguntó:

—¿QUÉ CREES QUE HA LOGRADO?. . . NO TE LO IMAGINAS, ES ALGO TRASCENDENTE PARA NOSOTROS. . . ¡LOGRÓ EL MÁXIMO TIEMPO AUTORIZADO EN DOS INSTITUCIONES AL MISMO TIEMPO Y SUS HORAS DE CLASE SON MÍNIMAS! . . .

Con orgullo terminó diciendo:

¿Y SABES?. . . ¡CASI NO ASISTE! . . .

Esto parecía un buen camino; yo necesitaba superarme, ser mejor. . . ser alguien. Desde ese día me comprometí a ser como él; así resolvería mi situación económica y volvería a sentirme admirado y envidiado. ¡No quería que mis hijos supieran que era un profesional mediocre!. . .

"Mi amigo", a quien le debía el trabajo que conseguí, apoyó mi decisión dándome consejos y sugiriendo:

—SIGUE EL JUEGO, CONSIGUE UN PADRINO E INVIERTE TU TIEMPO PARA QUE SE CONVIERTA EN UN GRADO Y JUSTIFIQUES SU APOYO. . . ASISTE A MUCHOS CURSOS Y CONGRESOS. . . ENTRE MÁS PAPELES TENGAS, ¡MÁS VALES! . . .

Feliz, asistí a numerosos cursos, congresos, reuniones y acepté muchas comisiones, no tanto por aprender, y menos para aplicar los conocimientos, sino con el fin de obtener diplomas, títulos y reconocimientos que acreditaran mayores ingresos.

Empecé mi carrera imitando al

"brillante profesional", con "beneficios", "puestos importantes", "comisiones" y "horas tranquilas"; con astucia e inteligencia logré la máxima libertad. Era un contrato implícito de no agresión, sin exigencias por ambas partes. En esa época, a pesar de que nada me faltaba a mí ni a mi familia, algo en mi interior constantemente se rebelaba, deseaba hacer algo más trascendente, participar en una actividad que diera más sentido a mi vida.

Empecé a no asistir a clases, a justificar las faltas con enfermedades y otras razones. ¡Nadie me controlaba! . . . ¡Era una gran vida!. . . Mis hijos y mi familia tenían mayores comodidades, posición y prestigio, y se sentían orgullosos de mí.

Fue una época espléndida, en la cual me divertí a lo grande, jugaba, tomaba, dormía y gozaba de largas vacaciones. Todas las tardes paseaba tranquilo a mi perro y charlaba en el café con los amigos.

Los compañeros deseosos de conocer el secreto de mi éxito me buscaban y halagaban.

—ES ENVIDIABLE LO QUE HAS LOGRADO —decían—. HAS ASEGURADO TU VIDA, TU FUTURO. . . ERES "UN

EJEMPLO", TE HAS GANADO EL DERECHO DE ESPERAR TRANQUILAMENTE LA JUBILACIÓN.

Orgulloso, les contestaba:

—Y estoy por conseguir no tener ni una hora de clases. Estoy cansado de esta juventud sin iniciativa, poco creativa, sin capacidad de razonamiento y sin deseos de estudiar. . .

—¿CÓMO HAS LOGRADO QUE NO TE EXIJAN NI TE CONTROLEN?. . . —preguntó un compañero. Tuve que revelarle mi secreto:

—Aprendiendo a ver. . . oír y callar. . . a no proponer ni hacer nada extraordinario. . .

Al intensificarse los dolores volví a mi realidad, en aquella cripta abandonada, húmeda y fría. Con la luz que entraba por la ventana logré descubrir la silueta de un joven que sigilosamente se acercaba e inyectaba en mi brazo un líquido que animó mi cuerpo. Sentía latir normalmente mi corazón, un reconfortable calor corría por mis venas.

Con señas pedí al joven que soltara mis ataduras. Lo intentó varias veces pero no fue posible; lo estrecho del lugar y lo inseguro del ataúd lo impedían. Al ver que no lo lograba, solicité, con el movimiento de mis labios, un papel para enviar un mensaje. Ayudado por él, logré escribir:

"Pide ayuda, llama a la juventud. . . a los padres de familia, a mi esposa, estoy muriéndome, las circunstancias son graves, mis fuerzas se acaban. ¡Ayúdame, tu maestro se muere!. . ."

En su profunda mirada se notaba que

le dolía mi condición. Terminó de curar mis heridas y en voz baja dijo:

—¡LO DAN POR ANIQUILADO! . . . POR FAVOR RESISTA, CONFÍE EN NOSOTROS, ¡LO SALVAREMOS! . . .

No era posible que todos estuvieran en contra de mi misión de maestro. . . Algo debía estar sucediendo allá afuera. Era difícil rescatarme de esa cripta. . . de ese ataúd, y traté de gritar para darme ánimo:

—¡Escúchenme! . . . ¡Aquí estoy! . . . ¡Aquí está su maestro! . . .
¡Quiero ayudar! ¡Quiero cumplir mi misión de maestro! . . . ¡No debo morir! . . . Debo sobrevivir para impartir mis enseñanzas con amor. ¡Sálvenme! . . .

Mis mudos gritos se perdieron otra vez en el silencio. . .

Mantenía la esperanza de que mis seres queridos, la juventud y la sociedad consciente de mi agonía me rescataran. Como respuesta al deseo de salir para impartir mis enseñanzas, apareció otra vez en el recuerdo *mi Maestro*, en el salón de clases, quien cariñoso decía:

"Quizá se pregunten dónde obtener la energía para luchar contra las limitaciones y obstáculos que se les presentarán al actuar como verdaderos profesionales. ¡De su compromiso! Ese compromiso que fluye desde su interior como un mandato natural, que se manifiesta en su preocupación por no *negarse a ser*, por tener el coraje y la dignidad para entregarse, como seres humanos; descubriendo y desarrollando su potencialidad natural a través de la experiencia.

"El compromiso del maestro no es únicamente con la juventud y la escuela, sino con el hombre mismo. El maestro es defensor de la esencia, valores y destino. . . es quien ayuda a forjar el futuro de la humanidad.

"Y cuando desde su *ser* emana la vocación, esa fuerza divina que lo inclina a darse a los demás, siente surgir de su interior la inspiración, que fluye en su sangre y que a través de las venas se integra a cada

CÉLULA, MANIFESTÁNDOSE COMO UN TODO; Y NO PODRÁ VIVIR SIN ELLA.

"ESTA ARMONÍA DE SU SER SE MANIFESTARÁ AL IMPARTIR SUS ENSEÑANZAS CON AMOR Y HUMILDAD, HERMANÁNDOSE CON SUS SEMEJANTES Y CON EL CREADOR".

Mientras él hablaba, yo sentía que cada una de sus palabras nutrían mi ser. . . me hacía recordar cuándo y cómo rescaté mi vocación de maestro.

Tratando de volver al momento en que conocí a *mi Maestro*, recordé a "mi amigo", en aquella tarde cuando llegó a solicitarme ayuda con el rostro descompuesto, fuera de sí:

—¡AHORA TÚ ME TIENES QUE AYUDAR! —me dijo—. ESTOY DESESPERADO. ¡LO QUE TIENE UNO QUE AGUANTAR! MIRA, HOY ME ENTREGARON LA LISTA DE LOS ALUMNOS QUE DEBO APROBAR. ¡PERO QUÉ DESCARO!. . . ME PIDEN QUE PASE AUN A LOS QUE NUNCA HAN ASISTIDO A CLASES. ¡ESTO ES BASURA!

—¡Cálmate!. . . —le dije—. *Tú me has enseñado a no crear problemas; sabes*

que todo está decidido; son pequeños detalles molestos, pero cálmate, hasta ahora nos ha ido muy bien.

—¿CÓMO QUIERES QUE ME CALME?. . . —contestó con ira—. ¡HOY FUE UN DÍA TERRIBLE! IMAGÍNATE, UN ALUMNO SE LEVANTÓ EN CLASES Y GROSERAMENTE ME DIJO:

—"NO ESTOY DE ACUERDO EN QUE USTED, QUE SE DICE MAESTRO, UTILICE ESTE RECINTO ACADÉMICO PARA HACERNOS PERDER EL TIEMPO HABLANDO, DICTANDO Y BUSCANDO CÓMO MATAR LAS HORAS. A USTED NO LE INTERESA QUE APRENDAMOS, SÓLO QUE ESTEMOS QUIETOS Y CALLADOS. ¡YO QUIERO APRENDER! TODOS QUEREMOS APRENDER".

—¡A MÍ! ¿A MÍ ME DICE ESO? ESE NIÑO IMBÉCIL. ¡NO SABE QUE OBTUVE TRES MEDALLAS AL MÉRITO POR MI BUEN COMPORTAMIENTO! ¡SOY EL MEJOR MAESTRO DE ESTA ESCUELA!

—¿Y lo pusiste en su lugar?. . .

En su cara se reflejaba el coraje y casi gritó:

—¡NO! . . . ¡NO ME LO PERMITIÓ! SIMPLEMENTE SALIÓ DEL SALÓN. ¡HACERME ESTO A MÍ! ¡ME TIENES QUE AYUDAR!

—*Te ayudaré, te ayudaré* —le dije consolándolo—. *Cálmate, para eso somos compañeros. Ese muchacho se merece un castigo fuerte o una reprimenda, por rebelde y grosero.*

Poco a poco le fue bajando el coraje a "mi amigo". Sabía que no podía hacer nada, todo estaba decidido. Antes de marcharse recordó:

—¡AH!. . . ME OLVIDABA. ME ENVIARON PARA TRAERTE ESTA COMISIÓN, CREO QUE ES IGUAL A LA MÍA. TENEMOS QUE ASISTIR OTRA VEZ A UN CURSO.

—*¿Otro curso?. . .* —pregunté—. *¡Lo mismo! ¿Para qué?. . . ¡Si ya lo sabemos todo! ¡Sólo perdemos el tiempo! Además, sólo repiten lo establecido, sin entender la esencia. . .*

En el trayecto para asistir al curso, "mi amigo" y yo hacíamos nuevos planes sobre los "logros" y "beneficios" que esperábamos obtener como un derecho bien merecido.

Al llegar al lugar en donde se impartía el curso, nos sorprendió encontrar un recinto académico circular, sobrio y limpio, un ambiente suave y amable donde los asistentes platicaban entre sí con gran respeto, camaradería y alegría.

Al centro del aula, bajando las gradas, como algo diferente estaba mi Maestro, tan recordado. Con su presencia tan diferente, su imagen era grandiosa y serena. Él influyó primordialmente en mi vida, logrando que el compromiso germinara en mí. Al vernos, con gentileza nos indicó tomar asiento.

Reinaba un respetuoso silencio. De pronto comenzó a exponer su cátedra sincera y vehemente.

—"LA LABOR DEL MAESTRO ES GRANDIOSA Y DIGNA DE ADMIRACIÓN,

CUANDO LOGRA QUE LOS SERES HUMANOS ENRIQUEZCAN SU ESENCIA, IDENTIFIQUEN SU VOCACIÓN Y GOCEN MÁS CONSCIENTEMENTE DE SU EXISTENCIA Y LIBERTAD''. —Se escuchaba su voz, era segura y llena de amor—: **ES VITAL QUE EL MAESTRO ORIENTE Y ESTIMULE AL HOMBRE A MIRAR DENTRO DE SÍ MISMO, PARA QUE ENGRANDEZCA AL MUNDO QUE LO RODEA CON SUS CONOCIMIENTOS, SUS HABILIDADES, SU ACTITUD Y SU AMOR''.**

Y siguió entregando mensajes llenos de sabiduría y verdad, plenos de esperanza y de fe en la humanidad. Por sus palabras empecé a entender una dimensión diferente, colmada de profundo respeto, dignidad y compromiso profesional. Ese día participamos activamente en experiencias enriquecedoras, aplicables a cada momento de nuestra existencia; jugamos, cantamos, nos desafiamos unos a otros y enfrentamos retos significativos y valiosos.

Estaba tan extasiado y lleno de asombro por todo lo que estaba viviendo, que no reaccioné cuando un compañero preguntó:

—¿CUÁL ES LA MISIÓN DEL MAESTRO?. . .

Mi Maestro, con mirada serena y voz cargada de emoción expresó:

—"NO DEBO CONTESTAR ESA PREGUNTA; SERÁ ALGO QUE USTEDES IDENTIFICARÁN, Y HARÁN PROPIA EN EL PRECISO MOMENTO EN QUE FORME PARTE DE SU RAZÓN DE EXISTIR".

Ansioso, como si fuera un presentimiento, le pregunté:

—¿Y qué sucedería si no nos permiten ser maestros?. . .

Sin sorprenderse mi Maestro contestó:

—"NO SE PUEDE DEJAR LA VIDA Y LA EVOLUCIÓN DE LA HUMANIDAD AL AZAR. . . EXISTE UNA JUVENTUD DESEOSA DE UNA MEJOR RESPUESTA, DE MAYOR ORIENTACIÓN. . .

"LA DECISIÓN BROTA DE TU CONCIENCIA, DE TU VOCACIÓN HUMANA, QUE SE NUTRE DE LA FE Y LA ESPERANZA EN EL HOMBRE Y SE MATERIALIZA EN UNA ENSEÑANZA

INTEGRAL PARA RESPONDER A LAS NECESIDADES DE LOS SERES HUMANOS.

"LAS CIRCUNSTANCIAS LIMITAN O ENGRANDECEN LA DECISIÓN DEL HOMBRE, PERO CUANDO EN ÉL EXISTE RIQUEZA INTERIOR, EL HOMBRE ES QUIEN DETERMINA SI SE SOMETE A ELLAS.

"AUN BAJO LAS CIRCUNSTANCIAS MÁS DIFÍCILES EL HOMBRE POSEE UNA GRAN RESERVA DE LIBERTAD INTERIOR Y SIEMPRE CUENTA CON ALTERNATIVAS, MIENTRAS SE ENCUENTRE VIVO. . ."

Estaba tan entregado al trabajo en equipo, fascinado por lo que aprendía y reforzaba, que no noté cuando se acercó "mi amigo" quien tomándome por sorpresa me separó con fuerza del grupo; asustado, desconcertado, con voz llena de dudas dijo:

—¡AMIGO, ALGO ANDA MAL! O ESTO ES UNA TRAMPA O NOS EQUIVOCAMOS DE LUGAR. ¡ESTE MUNDO. . . NO EXISTE! LO QUE DICE EL MAESTRO ES UTÓPICO, ¿VERDAD?. . . ¿TENGO RAZÓN?. . . POR FAVOR, PELLÍZCAME, TÓCAME, QUIERO SABER SI TODAVÍA ESTOY EN ESTE MUNDO.

—¡No juegues! . . . No te hagas el gracioso —le dije—. *¿Verdad que es grandioso?. . .* —y con emoción añadí—: *Es un auténtico maestro, transmite calidez, energía; siento su poder y su amor por la humanidad. . .*

"Mi amigo", más confundido aún, preguntó:

—¿ESTÁS LOCO?. . . ¿QUÉ HACEMOS?. . . ¿NOS VAMOS?. . .

No quise escucharlo, ni lo entendí. Esta formación fue para mí como el encuentro con todo lo que deseaba. Era entrar en el mundo que siempre anhelé. Con sinceridad le contesté:

—Siento que algo está despertando en mi interior, ¿será mi vocación? La que dejé en el camino y estoy recuperando. Quiero seguir viviendo esta maravillosa experiencia . . . Estoy fortaleciendo de nuevo el anhelo de mi juventud. . .

"Mi amigo", extrañado, desconcertado, exclamó:

—¿QUÉ TE PASA? NO TE COMPRENDO, ESTÁS LOCO. TENGO

MIEDO, ESTO PUEDE CAMBIAR MI VIDA Y LA TUYA. ¡AHORA QUE ESTAMOS TAN BIEN! . . . ¡NO DESPERDICIES TANTOS AÑOS DE ESFUERZO! MÁS AÚN CUANDO TODO LO TIENES GANADO, ES UNA TONTERÍA; ES ROMANTICISMO PURO, VULGAR ILUSIONISMO.

Intentó sacarme del salón por la fuerza, e insistió:

—¡VEN CONMIGO! NO TE QUEDES, TE VAN A PERJUDICAR. SI TODO CAMBIA ¿QUÉ VA A PASAR CON NOSOTROS?. . .

Decidido a rescatar mi vocación, le supliqué:

—*¡Déjame! . . .por favor, confío en él, me ha transmitido su autenticidad, su coherencia, su amor y confianza en los seres humanos; me devolvió la esperanza de llegar a dar lo mejor, de ser un buen maestro. ¡Es un verdadero testimonio! . . . De ahora en adelante será* mi Maestro.

"Mi amigo", al oír esto, gritó disgustado:

—¡ME DECEPCIONAS! . . . POR TU FALTA DE LEALTAD A NUESTRO GRUPO, DEJAREMOS DE CAMINAR JUNTOS . . . ¡ADIÓS!

Otra vez dentro del incómodo ataúd, sentí que el sol se filtraba por la ventana. Era un nuevo día. . . ¿Cuál? No lo sabía. La luz del sol trajo alegría y nuevas esperanzas a mi ser; era el símbolo de la vida, la certeza de que afuera de esas paredes la humanidad seguía su lucha, su dolor, su búsqueda, y que había maestros, profesionales como yo, esforzándose por cumplir con su misión.

Volví a pensar en mi Maestro; lo admiraba y agradecía su ayuda y orientación, que me permitió rescatar mi vocación dormida, vendida. Con claridad se presentó su imagen ante mí, invitándonos a trabajar en equipo y a definir *la misión del maestro*. Pidió que nuestro trabajo tuviera tal riqueza en su contenido, que demandara un esfuerzo adicional y la decisión de dar lo mejor de nosotros mismos.

Después de discutir y conversar durante horas, todos de acuerdo y felices llegamos a una increíble definición de *la misión del maestro*. Mi Maestro al escucharla se llenó de orgullo y habló con voz categórica:

> —"**ESTOY EMOCIONADO AL ESCUCHAR SU BELLA DESCRIPCIÓN DE LA MISIÓN DEL MAESTRO EN ESTOS MOMENTOS HISTÓRICOS. ESTOY SEGURO DE QUE CREEN EN ELLA, PERO QUIERO QUE ME CONTESTEN:**
>
> "**¿POR QUÉ MUCHOS MAESTROS ACTUALMENTE NO ORIENTAN SUS CONOCIMIENTOS, ESFUERZOS Y SENTIMIENTOS HACIA LA REALIZACIÓN DE SU MISIÓN, SI LA ACEPTARON LIBREMENTE COMO LA RAZÓN DE SU HACER PROFESIONAL?. . .**"

Por el silencio y nuestros rostros, pude constatar que todos nos sentíamos culpables en mayor o menor grado. Sabíamos que nuestra debilidad interior, el conformismo, la comodidad y el ambiente lleno de envidias y calumnias, nos condujo a preocuparnos por cosas menos importantes, dejando de cumplir con nuestra *misión de maestros*, perdiendo así la conciencia de nuestra labor.

Con delicadeza, para no confrontarnos ni exhibirnos, mi Maestro nos invitó a exponer, por equipos, las razones que justificaran por qué no cumplíamos con nuestra misión.

Entre todos logramos reunir 333 razones. Iban desde la paga poco razonable, la falta de prestaciones, de incentivos, hasta los problemas típicos de las instituciones educativas, de los grupos organizados y los dirigentes. Todos nos sentíamos orgullosos al poder justificar el no cumplir con nuestra *misión profesional.*

Después de escucharnos, mi Maestro expresó:

—"PARECERÍA QUE SON RAZONABLES ESAS 333 CAUSAS POR LAS CUALES NO CUMPLIMOS NUESTRA *MISIÓN DE MAESTROS*".

Y con voz imponente agregó:

—"PERO NINGUNA RAZÓN ES VÁLIDA, PORQUE LA *MISIÓN PROFESIONAL* NO PUEDE SER VENDIDA, NEGOCIADA, NI DEGRADADA, PORQUE "ES", EXISTE COMO PARTE DE LA RAZÓN DE VIVIR DE AQUEL QUE LA HIZO SUYA.

"ES FUENTE DE GOZO Y PLENITUD, CUANDO CON ENTREGA Y CALIDAD SE SATISFACE LA NECESIDAD QUE LE DIO ORIGEN.

"LA RESPUESTA DEL MAESTRO O DE CUALQUIER PROFESIONAL DEBE DARSE, A PESAR DE LAS CIRCUNSTANCIAS EXTERNAS Y LAS DEBILIDADES INTERNAS.

"UN MAESTRO PROFESIONAL, CON AUTÉNTICA VOCACIÓN Y ENTREGA, ES UN GUERRERO CON CASTA Y ORGULLO, QUE SE PREOCUPA Y ESFUERZA ARDIENTEMENTE POR CUMPLIR CON SU *MISIÓN*, COMO PARTE DE SU COMPROMISO Y NO LA CAMBIA POR LA COMODIDAD, EL PODER O LA RIQUEZA MATERIAL, PORQUE AQUÉLLA "ES", LA HIZO TAN PROPIA QUE SI NO CUMPLIESE PERDERÍA SU DIGNIDAD E INTEGRIDAD COMO SER HUMANO".

Los dolores no me permitían recordar todas las palabras de mi Maestro; en esos momentos deseaba estar en otras condiciones, pero forzando mi mente, volví a escuchar su voz:

—"EL PROFESIONAL, YA SEA ALBAÑIL, MECÁNICO, MÉDICO, PINTOR, PADRE DE FAMILIA, SACERDOTE O MAESTRO, NO TIENE RAZÓN ALGUNA PARA JUSTIFICAR SU FALTA DE PREOCUPACIÓN, ESFUERZO O AMOR

POR DAR AQUELLO QUE LE ES PROPIO.

"PORQUE ÉL ESCOGIÓ LIBREMENTE ESA MISIÓN, COMO SU RAZÓN DE EXISTIR.

"UNA PROFESIÓN NO ES SÓLO UN TRABAJO MÁS, NO ES INVERTIR O VENDER EL TIEMPO, SINO LA FUENTE DE DONDE FLUYE EL TORRENTE DE CREATIVIDAD, DE AMOR, DE ENTREGA Y DE REALIZACIÓN.

"CUALQUIER SITUACIÓN QUE DÉ PAUTA A JUSTIFICAR, RAZONAR O NEGOCIAR LA *MISIÓN PROFESIONAL* O LA CALIDAD DE LA MISMA, ES DECISIÓN DE NUESTRA CONCIENCIA INDIVIDUAL, Y DEL COMPROMISO CON NOSOTROS MISMOS.

"EL PROFESIONAL QUE DESVIRTÚA SU LABOR POR FALTA DE VOCACIÓN Y DEBILIDAD, POR OPORTUNISTA O POR SU IRREFRENABLE CARRERA HACIA LA COMODIDAD, EL PODER, LA POSICIÓN Y LA ACUMULACIÓN DE BIENES, VIVE EN PROCESO DE ANSIEDAD INTERIOR Y RESPONDE A ESTÍMULOS ESTABLECIDOS, COMO LAS RATAS EN UN LABERINTO. POR ESO, EL MAESTRO PROFESIONAL CON VOCACIÓN, ¡ES UNA VIVENCIA! SU VIDA ES UN EJEMPLO DE

RIQUEZA INTERIOR, EN SU MISIÓN Y ENTREGA. A PESAR DE QUE ES UN SER HUMANO CON DEBILIDADES, Y SENTIMIENTOS, ESTÁ DISPUESTO A DAR CON AMOR LO QUE HA ACUMULADO COMO PROPIO DURANTE SU PASO POR LA VIDA. . .''

Las imágenes desaparecieron de mi mente y quedé solo. Y tuve el valor de cuestionar mis convicciones:

—¿Si no fuera maestro. . . qué me gustaría ser?. . .

Pensé en otras actividades, en sus beneficios, sus oportunidades; no podía imaginarme ser otra cosa. Acepté que me sentía feliz de ser maestro por los valores, la oportunidad de manifestarme, de ayudar, identificar y valorar la misión humana, y concluí que el maestro es guía y apoyo para la realización y trascendencia del hombre.

¡AMABA MI PROFESIÓN DE MAESTRO!

Recordé aquel día cuando algo le sucedió a mi Maestro. Sin avisar, dejó de asistir a clases. Nuestro grupo, preocupado por su estado, una posible enfermedad o temiendo que lo fueran a lastimar, interrogó a los demás maestros y dirigentes. Algunos decían que estaba enfermo, otros, que tenía vacaciones, y los demás afirmaban que pidió permiso o estaba "congelado". Nadie supo darnos una razón. Al no encontrar respuesta, iniciamos nuestra propia búsqueda, sin éxito. A pesar de la ausencia física de mi Maestro, algo especial sucedió en nuestro salón de clases. Todos llegábamos a tiempo y por respeto permanecíamos ahí hasta la hora de salida. El tercer día que mi Maestro no asistió a clases subí al estrado y exhorté a los demás compañeros:

—Compañeros, nuestro Maestro *nos enseñó a actuar, pensar y decidir y a invertir el tiempo en el cumplimiento de nuestra misión en la que estamos*

plenamente comprometidos. Si existe un auténtico compromiso, cada uno de nosotros vamos a preguntarnos qué debemos lograr en esta clase, aceptando nuestra responsabilidad y participación y demostrarnos a nosotros mismos y a la institución, que el Maestro *está aquí presente en nuestros actos, comportamientos y en nuestra libertad de elegir y de ser.*

Él nos orientó hacia esta filosofía de vida y debemos atestiguar que forma parte de nuestro ser.

Dividimos fácilmente el programa, formamos equipos, especificamos las condiciones y niveles de exposición esperados y del sistema de evaluación y reconocimiento, y optamos por la libertad en el uso de los métodos didácticos. Vivimos una experiencia extraordinaria, pero seguíamos añorando a nuestro Maestro.

Después de varios días, él llegó sorpresivamente, demacrado, enfermo, pero feliz. Se sentó y con una sonrisa nos dijo:

—"¿DÓNDE NOS QUEDAMOS AYER?. . ."

Y como una energía contenida, rompimos en una cerrada ovación.

Se puso de pie y con voz llena de emoción, nos felicitó:

—"HAN DEMOSTRADO SU AUTONOMÍA Y CALIDAD DE RESPUESTA, RECIBAN MI ADMIRACIÓN Y AMOR POR CONFIRMAR Y DEMOSTRAR LO QUE LOS SERES HUMANOS SOMOS CAPACES DE HACER CUANDO EXISTE UN GENUINO COMPROMISO CON LA MISIÓN DE VIVIR".

Bajó del estrado y a cada uno nos dio un sentido abrazo y un fuerte apretón de manos. Sin un instante de debilidad y con su acostumbrada alegría y entrega, nos invitó a continuar nuestro caminar. . .

Retorné a mi realidad, a la cripta solitaria y húmeda. Temía que mis movimientos o el viento que entraba por la ventana cerraran la tapa y en ese momento llegara el fin, se acabara todo. Escuché voces de jóvenes, al principio lejanas, luego más cerca de la ventana de la cripta:

—RESISTA, MAESTRO. . . ESTAMOS CON USTED. . .¡LO SALVAREMOS!

—SHH. . .SHH. . .CÁLLATE; NO HAGAS RUIDO, NOS PUEDEN OÍR.

—¿DÓNDE ESTÁ?

—¡MIRA!. . . ¡QUÉ SALVAJES! . . . ¡LO TIENEN EN UN ATAÚD!

—¿UN ATAÚD? . . .¿POR QUÉ, SI NO ESTÁ MUERTO?. . .

—¡ESO ES LO QUE QUIEREN!

—¿QUÉ PASARÁ SI EL MAESTRO MUERE?

—ALGO TERRIBLE, DEPENDEREMOS SÓLO DE LAS COMPUTADORAS, DE LOS SISTEMAS MASIVOS, DE LA EDUCACIÓN

TECNOLÓGICA Y DESPERSONALIZADA. Y ALGO PEOR, ¡SEREMOS DÍA A DÍA MÁS OBJETOS QUE SUJETOS DE NUESTRA PROPIA EDUCACIÓN! . . .

—MIRA SUS OJOS, ESTÁN LLENOS DE BONDAD. . .¡POBRE MAESTRO!

—RESISTA, MAESTRO. . . PIENSE EN SUS SERES QUERIDOS, EN NOSOTROS, EN LA HUMANIDAD. MANTÉNGASE FIRME. ¡CONFÍE EN NOSOTROS!

—VAMOS, NOS PUEDEN OÍR. . .

—TENGO MIEDO POR ÉL. . .

—ALGO TENEMOS QUE HACER, ÉL NOS HA ENSEÑADO LO VALIOSO DE LA VIDA. . .

—NOS AMA, NO PODEMOS DEFRAUDARLO, SHH, AHÍ VIENEN. ¡¡VÁMONOS!! . . .

Esa noche, como un canto al cielo se escucharon las voces de los jóvenes comprometidos consigo mismos y con la humanidad:

¿POR QUÉ TE HAS IDO TÚ?. . .
¿POR QUÉ TE HAS IDO TÚ?. . .
¿QUÉ SUCEDIÓ?. . .¿QUÉ ACONTECIÓ?. . .
EN TU SENDA LLENA DE AMOR. . .
ALEGRE CAMINABAS SIN PARAR

¿QUIÉN DETUVO TU ANDAR?. . .
¿SERÁ EL DESTINO DE LA HUMANIDAD, QUEDARSE SIN TI?. . .
¿HACIA DÓNDE VAS?. . .
¿POR QUÉ TE HAS IDO?
¿POR QUÉ TE HAS IDO?
¿QUIÉN NOS GUIARÁ?. . .
HACIA LA VERDAD. . .
HACIA EL COMPROMISO. . .
¿QUIÉN FACILITARÁ EL CAMINO HACIA LA SENDA HERMOSA DEL AMOR, DE LA FE, DEL SABER Y DE LA LIBERTAD?. . .

Después de esas palabras, mi alma estaba henchida de energía y de amor; lo sentí dentro de mí, eran el amor y la fortaleza que nutrían el alma. Oré pidiendo vida e inspiración para cumplir con la misión de maestro.

¡Qué hermosa labor . . . ser maestro! Ahora sé que siempre deseé serlo.

Otra vez se borraron las imágenes cuando sentí la intensidad de los dolores. Retorné a mis circunstancias en ese ataúd, donde esperaban mi muerte.

Inesperadamente la tapa se movió. Asustado y lleno de angustia temí que se cerrara y todo terminara para mí. Al tranquilizarme, el cansancio me venció y dormí. Tuve una pesadilla: soñé que estaba en una escuela llena de rejas; de pronto, aparecían verdugos con vestidos de colores fuertes y llamativos. Vi mi imagen desvirtuada de maestro; rodeado de humo y de figuras distorsionadas, semejantes a robots, sin alma; vi a los alumnos, sin control, insolentes, groseros, lanzando papeles mojados a mi rostro. En mi cara había desilusión, lágrimas. Desperté asustado, con dudas. Esa pesadilla me hizo recordar lo difícil que fue tomar la decisión de ser un auténtico maestro, de escuchar y seguir mis mandatos internos, que me pedían aprender a correr riesgos, a pensar y actuar con otro interés. Sabía que esa decisión ponía en juego mi posición, mi nivel de vida, mis "logros" y los "beneficios" ganados . . . y bien podría ser el derrumbe de mi situación económica. . .

El camino que creí único y verdadero de pronto dejó de serlo, cuando di otro rumbo a mi vida. Lo que antes despreciaba, súbitamente se volvió importante.

Y la fuerza que apoyó mi decisión fue el preguntarme:

—¿Cuándo permití que me invadiera la mediocridad?. . .

Con valor, contesté sinceramente:

—Al dejar de dar respuesta a mi Ser, cuando menosprecié mi vocación, y empecé a tolerarme, justificarme y a exigirme sólo lo mínimo. Aferrado a la seguridad y la comodidad, aceptando mi realidad como un sacrificio para sobrevivir, convirtiéndome en un hombre sedentario, viviendo de acuerdo a los instintos, sumergido en la oscura ignorancia de lo que significaba Ser *y* Estar *en el universo.*

Desde que perdí el hambre; la necesidad interior de manifestarme, de hacer presencia. Cuando me convertí en un esclavo de mi inseguridad, de los falsos valores y estructuras. —Casi grité cuando me dije a mí mismo—: *¡Cuando por cobardía negué mi Ser! . . .*

Me había negado el derecho de trascender y realizarme, dormido en un extraño mundo, sin participar, sin comprometerme, sin asumir con plenitud la situación, sin imaginar, fantasear, jugar y gozar plenamente con los encuentros, sin salir de los márgenes.

Temía que mis hijos y mi mujer no entendieran mi decisión, que pensaran que dejar todo lo ganado era una locura, un capricho o un momento de egoísmo. Sabía que mi mujer, mi amor, entendería mis razones y apoyaría mi decisión. No fue sorpresa cuando después de escucharme me contestó:

—ES UNA DECISIÓN MUY PROPIA, DEBES ENFRENTARTE A LO QUE TU SER DEMANDA. LO ÚNICO QUE PODRÍAMOS PERDER A CAMBIO DE TU REALIZACIÓN COMO HOMBRE Y COMO MAESTRO, SON LOS BIENES MATERIALES, Y NUNCA PUEDEN COMPARARSE CON LA VIDA Y LA FELICIDAD DE UN SER HUMANO. . .

—*¿Y nuestros hijos?* —le pregunté—: *¿Crees que aceptarán?. . .*

Con firmeza y sabiduría contestó:

—¡ELLOS COMO YO, ESTAMOS CONTIGO! . . . ¿TÚ CREES QUE TENEMOS EL DERECHO DE DECIDIR LA REALIZACIÓN Y TRASCENDENCIA DE UN HOMBRE?

Al recibir el apoyo sincero y completo de mis seres queridos, decidí ser un *auténtico maestro.* Al abrir los ojos vi que empezaba a oscurecer. Mis dolores no querían ceder, insistían en atormentarme. Ese día lloré. Lloré por mis seres queridos, por la juventud y la humanidad que sufre, por la envidia y la maldad que frenaban la armonía y la evolución.

La noche era oscura, sin luna; parecía que me encontraba dentro de un pozo profundo. En esa oscuridad, el joven tomó mi mano y revisó mis signos vitales. Me estremecí al volver a sentir en mi sangre ese líquido que devolvía el calor a mi cuerpo y la esperanza a mi corazón.

¿Quién era?. . .¿Por qué lo hacía? ¿Por qué se arriesgaba? ¿Qué sabía él de mí? Se retiró sigilosamente, cuidando no ser descubierto; él me devolvió la confianza y la fe. Con su apoyo y valor me enseñó que mi lucha valía la pena. Lo bendije desde el fondo de mi alma.

Vino a mi mente un recuerdo: yo invitaba a otros maestros a participar en la búsqueda de la nueva orientación de la educación. Con entusiasmo y cariño les transmitía mi experiencia y metodología:

> *—Es fundamental que comprendamos y aceptemos al alumno como un* SER *libre, integral, único y diferente, con potencialidad intelectual, afectiva, física y social en proceso evolutivo y con una misión: autorrealizarse y trascender.*
>
> *Cuando como maestros aprendemos a dirigirlo y comprenderlo bajo esta concepción, descubrimos que el alumno tiene valores vitales, como son la vida, el amor, la acción, la justicia, la verdad y la felicidad; es un* SER *inmerso en un tiempo determinado, con una historia definida en su propio momento existencial y con la capacidad de enriquecer y labrar su realidad.*
>
> *Existe una mayoría de jóvenes comprometidos, con un alto grado de responsabilidad, calidad de respuesta y*

espíritu de excelencia, en la cual se apoya el futuro de la humanidad.

Pero nos preocupa la juventud que ha caído en un vacío existencial, consecuencia de la carencia de sentido y compromiso, de una correcta concepción y su aceptación como seres humanos, escasa credibilidad en sus instituciones: familia, iglesia, escuela y gobierno. Jóvenes que se manifiestan en su mayoría con apatía e indiferencia por participar; actitud de dependencia, costumbre de que todo se les dé sin esfuerzo y sin lucha; con obsesión por buscar títulos, status y poder aun a cambio de sus valores y convicciones, inclinación hacia lo material y la comodidad y no al SER; *carencia de compromiso con su formación. . . con su aprendizaje, confusión de valores, comportamientos y actitudes, falta de coraje, orgullo, motivación, carencia de espíritu de lucha y entrega, exceso de consumismo de cosas y tiempo, excesiva enajenación por los medios masivos de comunicación; falta de vivencias y comprensión de la solidaridad humana y escaso desarrollo de su libertad interior.*

Por todo esto, debemos estar de acuerdo en que es necesario hacer un mayor esfuerzo educativo para que surja el nuevo hombre; *con mayor compromiso interior, con conocimiento y aceptación como ser humano, de comportamiento autónomo, alegre y agresivo ante la vida, que enfrente los problemas en forma creativa e innovadora, que permita que sus sentimientos broten sin negarlos, que entienda su realidad y tenga el valor de transformarla, que cuente con un compromiso profundo y real con el hombre, que su* SER *desencadene ese potencial interior que lo oriente hacia la razón para la cual fue concebido: realizarse plenamente como ser humano. Que sea capaz de amarse y amar a los demás, que conozca sus alcances, que emplee el ocio con sabiduría. Nuestra labor como maestros, padres, y dirigentes es gestar este* nuevo hombre *que tenga coraje y orgullo suficientes para dar un nuevo cauce al futuro de la humanidad. . .*

Al terminar de exhortarnos, los invitaba a vivir algunas experiencias, orientándolos para que actuaran como nuestros profesionales; auténticos, coherentes, conocedores de la naturaleza humana y capaces de facilitar y dirigir sus esfuerzos hacia objetivos creativos e innovadores, a buscar y entender los fundamentos, valores y mecanismos que permiten al hombre vivir con libertad, logrando establecer el compromiso en su SER.

En esta etapa de mi vida pude impartir mis cátedras con plena libertad, y se enriqueció mi autoestimación.

Interrumpió mi añoranza el sonido de pisadas y voces, que rompían el silencio profundo de la noche:

—¡YA NO TENEMOS TIEMPO!. . . LO ESTÁN EXIGIENDO, LO PIDEN A GRITOS. LA JUVENTUD QUIERE QUE EL MAESTRO VIVA, DEBEMOS HACERLO DESISTIR.

Y otra voz dijo:

—TENGO UN PLAN, VENGAN. . .

Escuché voces de personas que se acercaban. Los guardias las dejaron entrar fácilmente:

—*¡Vienen a matarme!* —me dije.

Una luz iluminó mi cara. Estaba muerto de miedo, aterrado. En la penumbra distinguí a una persona con bata blanca.

—¡NO SE PREOCUPE! —me dijo—. VENIMOS A CURARLO, SOMOS AMIGOS.

Con voz amable preguntó:

—¿DÓNDE LE DUELE?. . .

Era un médico quien, sin tardar, revisó mis heridas. Escuchó mi débil corazón y mi alterada presión. Limpió la sangre reseca de mis ojos y oídos, me inyectó en el brazo y soltó las sogas de mis llagados pies y manos.

Como en un sueño, me encontré en una habitación muy lujosa; se acercaron a mí, y atentos curaron las llagas de mi espalda, me asearon y me alimentaron por sonda. Poco a poco cedieron los intensos dolores. ¡Era un milagro! Volvió la alegría y la vida a mi corazón.

Unas finas manos atendían delicadamente las heridas de mi cara; al abrir los ojos vi el hermoso rostro de una mujer, quien con amable sonrisa me dijo al oído, casi rozándome con sus labios:

—¡DE VUELTA A CASA! SOMOS UN GRUPO DE SIMPATIZADORES, LO HEMOS RESCATADO. ¡CONFÍE EN NOSOTROS! ¡HA TRIUNFADO!

Estaba tan cerca de mí que percibí su perfume y sentí su aliento sensual.

En poco tiempo los cuidados intensivos me permitieron mover brazos y manos. ¡Volvió a mí el calor y el gozo de vivir!

Me cuidaron con afán; revisaban periódicamente mis signos vitales, observaban mis movimientos. La bella mujer desapareció de mi vista, pero continuaban las atenciones de los médicos y enfermeras.

Intenté hablar, pero no surgió un solo sonido, y me pregunté extrañado:

—¿Todavía no me he ganado el derecho de hablar?. . .

Al convencerme de que estaría mudo por un tiempo pude haber orientado mis pensamientos e intereses a analizar los beneficios y oportunidades que alcanzaría en esta nueva posición. Pero la obsesión y el deseo de cumplir con mi misión ocuparon mis reflexiones:

—¿Cómo impartiré mis enseñanzas si no puedo hablar? La palabra es vital en la misión educativa. Tengo que encontrar la solución.

Viví momentos llenos de angustia, de temor al no encontrar la respuesta. Escuché dentro de mí gritos que me exigían cumplir con mi misión. Dediqué largo tiempo a reflexionar y buscar soluciones, hasta que me dije:

—¡¡CLARO!! ¿Cómo no lo pensé?. . . siempre he tenido la idea de que un auténtico maestro no debe hablar tanto; su labor consiste en dirigir procesos educativos, que permitan que el crecimiento del alumno se logre con la participación comprometida de éste.

Ese día, muy alegre, soñé despierto. Diseñé en mi mente técnicas educativas y herramientas didácticas para impartir mis clases sin hablar. Comencé por determinar las óptimas condiciones para lograr el compromiso maestro-alumno.

En mi interior me cuestioné:

> *—¿Cómo daré lo mejor de mí mismo? ¿Cómo alcanzaré resultados con grupos tan grandes?. . .¿Cómo lograré que todos aprendan, a pesar de las deficiencias que arrastran desde años atrás?. . .*

¡Era hermoso soñar! La preocupación estimuló mi creatividad y logré pensar en métodos para que nos comprometiéramos a crecer juntos, maestro-alumno, a trabajar en equipo; a tener un comportamiento sano; a pensar en forma creativa; a orientar nuestros esfuerzos hacia lo vital; a gozar y vivir como verdaderos seres humanos en proceso de crecimiento. Estas experiencias donde participarían activamente los alumnos, lograrían que avanzáramos sin necesidad de hablar; y en esa aula imaginaria comenzó a surgir el fenómeno mágico tantas veces anhelado: *momentos llenos de significado y motivación*, seres comprometidos evolucionando sin barreras y con profundo sentido, manifestando plenamente toda la maravillosa riqueza interior de cada uno, en un ambiente colmado de afecto, respeto y amor.

Nuevamente la bella mujer concedía grandes atenciones a mi persona, acariciando mis ojos con su mirada. Gracias a sus cuidados recuperé las energías perdidas y la esperanza de vivir.

Mi recuperación física fue sorprendente. Sólo la voz no quería fluir, no podía emitir sonido alguno y con rabia me decía:

—Si físicamente no tengo nada, ¿por qué no puedo hablar? ¿Quién me limita la capacidad de hablar?. . .

Acercándose la bella mujer hasta rozar con sus labios mi cara, expresó:

—ESTAMOS POR LOGRAR QUE LO PERDONEN.

Desconcertado me hice estas preguntas:

—¿Por qué me ofrecen el perdón?

¿A quién ofendí? ¿Qué buscaba esta mujer? ¿De qué deben perdonarme?. . .

Mi mente estaba llena de interrogantes para las cuales no encontraba respuesta y que fácilmente olvidé cuando vi entrar otra vez a la bella mujer quien, con coquetería, sensuales movimientos y con agradable voz anunció:

—¡FELICIDADES! —y besó mis labios—. HA RECIBIDO UN RECONOCIMIENTO NACIONAL. LO SOLICITAN COMO REPRESENTANTE DE NUESTRO PAÍS; GOZARÁ DE GRANDES PRESTACIONES, BECAS PARA USTED Y SU FAMILIA Y LA OPORTUNIDAD DE PERFECCIONARSE EN EL EXTRANJERO. SÓLO TIENE QUE FIRMAR ESTE DOCUMENTO ACEPTANDO EL PREMIO. . . QUE LE FUE OTORGADO EN RECONOCIMIENTO A SU LABOR. —Y desbordando alegría, como si ella lo hubiera recibido, me acercó un documento y puso en mi mano una pluma; emocionado, casi firmé. Pero algo me detuvo. Con los ojos pedí que leyera el documento en voz alta.

—¡ES SÓLO UNA ACEPTACIÓN!. . . —contestó ella en tono alterado a mi muda petición—. ¡TENEMOS POCO TIEMPO! ¡POR FAVOR, FIRME! —y seductora tomó mi mano delicadamente y con voz angelical insistió:

—¡FIRME! PARA QUE LE ENTREGUEN EL PREMIO.

Miré sus ojos y sentí su ansiedad, su nerviosismo, no lograba sostenerme la mirada y eso provocó mi desconfianza. ¿Qué contenía el escrito? ¿Quiénes eran ellos?. . .

La mujer trató de adularme por diferentes medios, para convencerme, valiéndose de sus encantos. Lo que ella no sabía era que yo sufrí mucho. ¡Mucho! Y el dolor endureció mi alma. Resistí a sus encantos y no firmé. . . seguramente ese papel contenía la negación de mi verdad.

Al comprobar que era otra trampa, lloré de rabia. Eran unos desgraciados; sólo cambiaron de táctica para engañarme. ¡Qué gran desilusión!. . .

La mujer, al darse cuenta de que no firmaría, cambió de actitud, se volvió exigente y con desesperación utilizó la fuerza. Tomó mi brazo, cuyos dedos ya empezaban a moverse, e intentó obligarme a firmar. Al no lograrlo, un hombre bien vestido, se dirigió a mí con tono irónico y severo e intentó convencerme:

—¿TODAVÍA NO SE DA CUENTA? ESTÁ LUCHANDO POR UNA CAUSA QUE HACE TIEMPO MURIÓ, A NADIE LE INTERESA. USTED NO ES TONTO, SABE QUE SUS IDEAS SON RECHAZADAS PORQUE PERJUDICAN A LA JUVENTUD. SUS ALUMNOS YA SE CONVENCIERON, YA NO LO APOYAN. ENTIENDA. . . ¡LO DEJARON SOLO! SU FAMILIA LE PIDE QUE NO SÓLO PIENSE EN USTED, QUE PIENSE EN ELLOS. YA NO TIENE SALIDA, SU NEGACIÓN YA FUE PUBLICADA; ADEMÁS, DEBE AGRADECERNOS QUE LO HAYAMOS SALVADO DE LOS MALVADOS QUE LO TENÍAN ESCONDIDO. ES SU OPORTUNIDAD. APROVECHE TODOS LOS BENEFICIOS QUE LE CONSEGUIMOS. ¡PIENSE EN SU FAMILIA! ¡NO LOS DECEPCIONE NI LOS DEFRAUDE!. . .

Le miré a los ojos, sabía que mucho de lo que él decía podía ser verdad.

A la fuerza, colocaron de nuevo la pluma en mi mano. Cuando el hombre vio que no firmaría y que todo era inútil, sentenció:

—ES SU ÚLTIMA OPORTUNIDAD. ¡NO ME OBLIGUE!

Con los ojos vendados y sin el menor respeto para mi persona, me trasladaron en silencio, sumido en una gran incertidumbre:

—¿A dónde me llevarán?. . .¿Qué harán conmigo?. . .¿Qué sucede allá afuera?. . .

Arrastraron mi cuerpo como si fuera un costal viejo, por un camino de piedras. Como si fuera algo sin valor, me arrojaron en un lugar húmedo, maloliente. Sólo se escuchaba a lo lejos el ruido de puertas oxidadas.

Al quitarme la venda, vi que me encontraba en una estrecha celda con las paredes llenas de nombres, mensajes, fechas y palabras de aliento, reproche y auxilio. . . testimonio del sufrimiento y angustia de hombres que estuvieron aquí antes que yo padeciendo similares tormentos.

Era una celda sombría, donde no entraba un solo rayo de sol. Un amarillento

foco, sobre una mesa carcomida por el tiempo, iluminaba el centro. Me obligaron a sentarme en una vieja silla.

Sobre la mesa pusieron unas hojas y me entregaron una pluma y un oficio, que contenía la negación de mi misión de maestro. Una voz autoritaria exigió:

> —ESCRIBE, TIENES QUE DECIR A LA JUVENTUD QUE TE ARREPIENTES, QUE ESTABAS EQUIVOCADO, QUE TE PERDONEN POR TODO LO QUE LOS HAS PERJUDICADO. SI NO LO HACES, LO LAMENTARÁS.

Vigilaban cada uno de mis movimientos: no podía negarme a escribir, pero necesitaba ganar tiempo. Decidí escribir con lentitud.

¡Debía haber una esperanza! Alguien, algún ser humano seguramente estaría preocupado porque su maestro no muriera. Debía seguir luchando por vivir. ¡No moriría! No me dejaría morir. . .llegaría con amor a la juventud, a la humanidad, mis experiencias, principios y guías por los cuales luchaba. Comencé a redactar mi legado: el origen de mis inquietudes, mi historia, los valores, pensamientos y la razón que justificaba mi *misión como maestro. . .* la labor de formar interiormente al *Nuevo Hombre*, un hombre capaz de liberar su conciencia y orientarse hacia la satisfacción de sus necesidades vitales, compromisos y con su realidad social; con la energía suficiente para mantener el crecimiento interior, capaz de promover la solidaridad y el respeto hacia el ser humano.

El Creador estuvo conmigo en todas estas experiencias dolorosas y dramáticas que me facilitaron el encontrarme y rescatar mi vocación y misión en el mundo.

Recordé los días cuando dedicaba esfuerzo y tiempo a la búsqueda de caminos para formar ese *Nuevo Hombre.* Principié por investigar la experiencia educativa de otros países y experimentar orientaciones adecuadas a nuestro contexto psico-social. La investigación se convirtió en un proyecto que bautizamos con el nombre de *Compromiso a la Excelencia Educativa:* un programa ambicioso y lleno de retos, cuyo objetivo era la formación integral de hombres capaces de alcanzar altos niveles de realización en su "SER" y en su "HACER", de sobrevivir a la ambigüedad y complejidad del mundo, y contribuir a la realización de una Comunidad Educativa, más humana y plena de valores, basada en el compromiso auténtico de dirigentes, empleados, maestros, alumnos y padres de familia.

Algunos dirigentes y maestros se mostraron contentos con el proyecto, otros lo catalogaron como ambicioso y romántico, pero la mayoría lo consideró necesario.

Los resultados comenzaron a manifestarse de inmediato en una mejor actitud y comportamiento profesional, de dirigentes, maestros, empleados y alumnos, hasta que un día un grupo de seudoprofesores, frustrados y envidiosos, se presentaron en la Dirección, solicitando que se cancelara el programa, arguyendo que yo no sabía lo que decía, y que mis planteamientos eran peligrosos. Cuando el director canceló el proyecto, justificándose y diciéndome que se veía presionado por ese grupo, pidiendo que lo entendiera, sentí un gran dolor en el corazón, vi destruidas mis ilusiones, mi fe y esperanza. Mayor fue la decepción cuando mis amigos dejaron de hablarme. Era inconcebible que cambiaran sus convicciones para asegurar su jubilación, la que para algunos vendría en 30 años.

Me dolía aceptar esa actitud. ¿Por qué se comportaban como asalariados de sexta categoría? ¿Qué intereses estaban en juego? ¿No sería que carecían de un compromiso auténtico con la educación?. . . Tuve muchas dudas y fue muy intenso mi interno dolor.

Desde ese día empezaron a bloquear mi labor, me evadían y no me invitaban a las juntas de trabajo. Sin desearlo, me convertí en una amenaza para ellos.

Su comportamiento de mediocres asalariados fortaleció mi decisión de no desistir y me dio el valor suficiente para seguir enriqueciendo el proyecto del Compromiso a la Excelencia Educativa. . . Únicamente pido al Creador que me permita verlo realizado.

Como un golpe en el cerebro, recordé las palabras proféticas de *mi Maestro:*

—"CUANDO UN HOMBRE DECIDE CUMPLIR CON SU MISIÓN, DEBE ACEPTAR CORRER EL RIESGO DE SER BLOQUEADO, CRITICADO Y ENVIDIADO POR LOS MEDIOCRES, QUE SE SIENTEN AMENAZADOS. . ."

Pasó el tiempo, no supe cuánto. Todavía no terminaba de escribir cuando llegaron a recoger la negación. Al darse cuenta de que contenía mi legado y no lo que ellos querían, furiosos me tiraron al suelo. El jefe, al ver que no firmé lo que necesitaban, con rabia arrojó el escrito, que contenía mi corazón, mi verdad, mi razón de existir, a un rincón de la celda y con ira ordenó:

—¡LLÉVENSELO!

Vendaron mis ojos otra vez y forcejeando, me llevaron a una sala de torturas. Se notaba su urgencia, querían terminar pronto, acabar con lo poco que quedaba de mí; soporté el dolor con dignidad.

Noté que uno de los hombres que me golpeaba, sufría cada vez que lo hacía.

—*¡Pobre hombre!* —pensé mientras soportaba los golpes.

Uno de los otros verdugos le regañó:

—¿QUÉ TE PASA? ¡PÉGALE FUERTE!

—MIRA CÓMO ME OBSERVA —contestó—. SIENTO QUE SUS OJOS ME JUZGAN; ME HACEN SUFRIR, ¡NO PUEDO!

"En mi mente recordaba sus manos cuando entregaba a mi alma mi toga y mi birrete."

¡Rescata tu profesionalismo;
no ensucies lo que forma parte
de tu ser!

El otro verdugo ordenó:

—¡PÉGALE! EL JEFE ESTÁ POR LLEGAR. ¡TENEMOS QUE OBLIGARLO A FIRMAR!

Al sentir que yo lo juzgaba con los ojos, con voz cargada de culpa me dijo:

—¡ÉSTE ES EL ÚNICO TRABAJO QUE CONSEGUÍ, MIS HIJOS TIENEN HAMBRE!

Entendí, pero interiormente lo desprecié y se lo manifesté con mi mirada, pensando:

"Si eres capaz de aceptar por necesidad este trabajo, debes tener valor y cumplirlo con dignidad, de lo contrario, ¡déjalo!

"Si te compraron para golpearme y tú aceptaste, ¡hazlo, pero hazlo bien. . . pega fuerte!"

Entendió y salió corriendo. En ese momento empezó mi suplicio. Ahora los que me golpearon eran profesionales, tenían la consigna de que cediera, y yo la decisión de resistir.

Perdí el sentido; me arrastraron otra

vez a la celda húmeda y sombría. Al despertar, sentí el cuerpo y el rostro destrozados. Quería seguir escribiendo mi legado, la única esperanza que me quedaba. Con desilusión vi que la mesa y el papel habían desaparecido, sólo había una vela en un rincón y la silla.

Siguieron horas de dolor y soledad. Pensé en los auténticos maestros, quienes debían acostumbrarse a las carencias y los sufrimientos, a los golpes de las circunstancias, al medio, y que a pesar de las condiciones, mantenían el espíritu y entrega profesional. ¡Cómo los admiraba! . . .

Mi mente comenzó a buscar fuerza contra la soledad; el dolor era insoportable, y empecé a llorar. Primero en silencio y después abiertamente. Necesitaba hacerlo, siempre me había resistido a aceptar la maldad del hombre y a pesar de mi experiencia dolorosa, seguía luchando por mantener la fe y la confianza en la humanidad.

Colocaron otra vez la mesa y encima dejaron papel y pluma para que escribiera. Estaba sentenciado a nuevas torturas si me negaba a escribir. En forma dramática aprendí que la vida del hombre no sólo se forja creando y gozando, sino también con

el sufrimiento. Intentaba entender la lección luchando por sobreponerme.

Había prometido no defraudarme, sin importar los dolores, los padecimientos, ni el cansancio; no tenía tiempo para flaquear. Con gran esfuerzo terminé de escribir mi legado y un mensaje a la humanidad.

Escuché el llanto y las súplicas de los que en otras celdas eran atormentados y golpeados. El dolor y el cansancio me vencieron y dormí largo rato. Soñé que luchaba por ser un buen maestro, a pesar del sistema, de intereses creados y de falsos valores, y que lograba crear en mí y mis alumnos hombres nuevos; en el sueño veía que un representante nacional me entregaba la medalla al Valor Educativo; por la Excelente Labor y la Trascendente Aportación a la Humanidad, y declaraba:

> —"ESTAMOS ORGULLOSOS DE TENER ENTRE NOSOTROS A PROFESIONALES DIGNOS Y AUTÉNTICOS, CAPACES DE ORIENTAR A LAS FUTURAS GENERACIONES. EN NOMBRE DE NUESTRO PAÍS ENTREGO ESTE RECONOCIMIENTO A UN GRAN PROFESIONAL DE LA EDUCACIÓN, COMO UN ALICIENTE PARA QUE SIGA AYUDANDO AL DESARROLLO DE LA HUMANIDAD. . ."

¡Cuando un hombre decide cumplir con su misión, debe aceptar correr el riesgo de ser bloqueado, criticado y envidiado por los mediocres que se sienten amenazados!

Al despertar de ese fantástico sueño, escuché rumores y gritos. En ese momento mis pensamientos volaron otra vez a la escuela. Deseaba convivir con mis alumnos.

Nunca olvidaré esos momentos, que juraría fueron reales, en los que mi celda se convirtió en un salón de clases. Recuerdo que mi corazón dio un vuelco porque no quería que mis alumnos vieran a su maestro con la ropa desgarrada, tirado en el suelo frío y sucio. Decía dentro de mí:

> *"Un maestro debe demostrar que tiene poder y valor interior. Que es un ente vivo, digno y capaz de dar algo valioso."*

Arrastrándome poco a poco, logré con gran esfuerzo, llegar a la silla. Aguantando los intensos dolores, me senté. ¡Me sentía digno! Necesitaba ser un testimonio viviente. Por más intenso que fuera el dolor de mi cuerpo, debería reflejar mi riqueza interior.

Mi vida y dignidad dependían de la fortaleza y voluntad. Atravesando las paredes de la celda, fueron apareciendo mis alumnos. No sabía qué hacer ni qué preguntar. Lleno de gozo les dije:

—*¡Hola! La alegría de mi corazón es inmensa. Hoy analizaremos el avance de nuestro aprendizaje. Pediré a cada uno que exprese lo que aprendió.*

Guillermo, el más participativo y seguro de sí mismo empezó su narración:

—APRENDÍ A VIVIR A TRAVÉS DE EXPERIENCIAS QUE ME PERMITIERON CONOCER, DESCUBRIR Y ENTRAR EN CONTACTO CON MIS PROBLEMAS INTERNOS Y EXTERNOS, Y ACEPTAR QUE ÉSTOS SON IMPORTANTES Y ES NECESARIO AFRONTARLOS PARA PODER REALIZARME Y SER FELIZ.

—YO APRENDÍ ALGO IMPORTANTE —dijo Alfonso—: A PESAR DE QUE SE HAN IDO PERDIENDO O DISTORSIONANDO LOS VALORES, PUDE RECONSTRUIRLOS Y ARMONIZARLOS CON MI COMPORTAMIENTO Y ACTITUD. SIENTO PLENAMENTE MI HUMANIDAD Y HE DECIDIDO INTEGRARME Y

LUCHAR CONTRA LA PEREZA, LOS BAJOS INSTINTOS, LA NATURALEZA EQUIVOCADA Y LAS CIRCUNSTANCIAS ADVERSAS.

Claudia intervino:

—NUNCA HABÍA ASIMILADO LOS CONCEPTOS Y EL CONTENIDO CON TANTA FACILIDAD, PARECÍA QUE YA ESTABAN DENTRO DE MÍ Y FLUÍAN CON LIBERTAD. SENTÍ QUE LAS CONDICIONES PROPICIAS SE DABAN EN MI INTERIOR, ARMONIZANDO MI *SER* CON MI ENSEÑANZA.

Estaba emocionado y orgulloso al escuchar la manera tan correcta y auténtica como se expresaban mis alumnos, así como la riqueza del aprendizaje que habíamos alcanzado juntos.

Karla, tranquila, participó:

—APRENDÍ A COMPROMETERME, A CANALIZAR Y DOMINAR TODO EL PODER INTERIOR EN MÍ, CONVIRTIÉNDOLO EN IMAGINACIÓN, CREATIVIDAD Y ENERGÍA TRANSFORMADORA DE MÍ MISMA Y DE

MI REALIDAD Y TOMÉ LA OPCIÓN DE VIVIR CON LIBERTAD, ENTREGA Y AMOR.

Luis interrumpió, deseoso de ser escuchado:

—APRENDÍ A NACER CONSTANTEMENTE, A BUSCAR SIEMPRE EL SENTIDO Y LA RAZÓN DE VIVIR, PORQUE SOY UN SER ÚNICO QUE ENCIERRA UNA SERIE DE COMPROMISOS TAN SINCEROS Y PROFUNDOS COMO MI PROPIA EXISTENCIA. ¡GOCÉ EL APRENDIZAJE! FUERON MIS MOMENTOS MÁS FELICES. . .

Y los alumnos siguieron exponiendo. Era un motivo de satisfacción y alegría escuchar sus palabras, que reforzaban mis convicciones y todo aquello por lo que luchaba.

Como reconocimiento a los momentos maravillosos que pasamos juntos, empezaron a cantar. Aún tengo grabada en mi corazón la música y letra, expresando su sincera admiración y agradecimiento:

—ERES UN SER CON UNA MISIÓN, ERES UN SER CON UNA MISIÓN,

AL DAR AL HOMBRE LA GRANDEZA,
EN SU INTERIOR MANSIÓN,
SU RIQUEZA Y SU BELLEZA.
ERES UN SER CON UNA MISIÓN,
ERES UN SER CON UNA MISIÓN,
ENSÉÑANOS A GOZAR Y A VIVIR. . .
CON CONFIANZA E INTENCIÓN,
¡LUCHA. . . LUCHA, NO TE DEJES
MORIR!

Yo me sostenía en la silla con firmeza, no quería que me vieran flaquear. Al terminar de cantar se acercaron a mí y con sinceridad siguieron hablando de su aprendizaje:

Kathya aseveró:

—¿SABEN? POR PRIMERA VEZ ENTENDÍ QUE SOY UN SER HUMANO DIGNO DE CONFIANZA, CAPAZ DE EVALUAR, PENSAR, DECIDIR, SENTIR Y PARTICIPAR EN ACCIONES TRASCENDENTES BASADAS EN MI VALOR INTERNO Y EN MI GRADO DE COMPROMISO. ES UNA CONCEPCIÓN DIFERENTE QUE LLEVA A UNA PARTICIPACIÓN PLENA PARA TRANSFORMAR NUESTRA REALIDAD Y NUESTRO MEDIO.

Magdalena la joven más seria y callada, dijo con voz clara:

—¡AHORA, POR PRIMERA VEZ, SIENTO QUE SOY UNA PERSONA, NO UNA COSA MARCADA CON NÚMERO DE SERIE, SINO UN SER VALIOSO, DIGNO Y CAPAZ DE REALIZARME Y SER FELIZ!

Karina, la más reflexiva de todos mis alumnos, dijo:

—ESTAS VIVENCIAS, Y EL PROCESO DE CRECER JUNTOS EN EL SALÓN DE CLASES, ME AYUDARON A DESARROLLAR MIS HABILIDADES TÉCNICAS Y FORJAR MIS NORMAS SOCIALES E INTELECTUALES, A UTILIZAR Y ENRIQUECER LOS CONOCIMIENTOS, ACTOS, SENTIMIENTOS Y VALORES, Y A UBICARME CON VERDADERA VOLUNTAD EN AQUELLAS ACTIVIDADES QUE ME PERMITEN DEMOSTRAR LO QUE SOY CAPAZ DE HACER Y SER Y ASÍ CUMPLIR CON LA MISIÓN DEL SER HUMANO.

Me regocijé por haber sembrado en ellos la semilla que empezaba a germinar.

Estábamos plenos de gozo, satisfechos de nuestro progreso, de los resultados y vivencias, y por los momentos que juntos disfrutamos. ¡No podíamos olvidarnos! ¡No era posible que desearan que desapareciera! ¡Que dejaran a su maestro morir!. . .

En mi mente seguía el diálogo con el grupo, y se sucedían los momentos de análisis y de asombro por lo que descubríamos. ¡Los quería, respetaba y admiraba! ¡Es grandioso lo que la juventud es capaz de aportar, construir y cambiar!

Sus rostros reflejaban su gran preocupación y aún más cuando Kathya preguntó:

—¿RESISTIRÁ MAESTRO?. . .

—*¡No lo sé!* —afirmé—. *Sé que mis fuerzas son pocas y mi espíritu, aunque libre, está cansado, pero no debo ceder. Si lo hago, dejaría de ser maestro. . . padre. . . hombre. . . ser humano. . . Si cedo, no tendría nada que enseñar, ni misión que perseguir. . .*

Sentí la voz de sus corazones que penetraba en mi cerebro:

—¡TE NECESITAMOS MAESTRO, NO CEDAS!

Kathya volvió a preguntarme:

—¿QUÉ NECESITA, MAESTRO, PARA TENER SUFICIENTE VALOR Y NO CEDER?. . .

Con alegría afirmé:

—¡Me encantaría decirle mis pensamientos a la mujer que amo y contarle las ilusiones que siento dentro de mí!. . .

—¿POR QUÉ NO SE LO DICE?. . .
—dijo Magdalena

—¡CONCÉNTRESE! —exigió Alfonso—. ¡TRÁIGALA AQUÍ, CON NOSOTROS! ¡SABREMOS RESPETAR SU INTIMIDAD!. . .

Quizá fue la tortura que recibí o el deseo de hablar con ella, pero algo increíble sucedió en ese horrible y oscuro lugar. A pesar de mis intensos dolores, en medio del sufrimiento apareció *ELLA*, la mujer más adorable, tierna y llena de amor. . . la mujer que amo y respeto, la que con su inteligencia, amor a sus semejantes y profundos valores entiende mis inquietudes y concede a mis decisiones un apoyo sincero, compartiendo mis dudas y mi angustia.

Yo era parte de Ella, de su lucha. . . de mi lucha. Su presencia segura y responsable orientaba con dedicación e inteligencia a nuestra familia a la búsqueda de la felicidad, a la realización plena. Compartía con Ella una vida de retos e ideales comunes. Tenía y tiene el don de cultivar, despertar y estimular en cada uno de nosotros el coraje necesario para enfrentar los actos y decisiones trascendentales.

En sus ojos anegados de lágrimas se percibía su tristeza, su desesperación. . . Se acercó a mí con el corazón lleno de amor y nos abrazamos apasionadamente en silencio. Estábamos deseosos de tenernos cerca, de sentirnos. . . de amarnos. . .

Entre besos y lágrimas comenzó a curarme las heridas. Se quitó la pañoleta y la colocó alrededor de mi adolorida y sangrante cabeza. Desgarrándose el vuelo de su vestido, vendó delicadamente cada una de mis heridas. Permanecimos juntos viéndonos profundamente a los ojos hasta que mi interior gritó:

—No llores, amor. Deja que este tonto maestro que lucha por causas incomprendidas te entregue lo que su corazón conserva para ti.

Busqué ansioso en la bolsa de mi pantalón una piedra blanca que ella me regaló cuando éramos novios. Al darme cuenta de que los verdugos la rompieron con sus golpes, grité lleno de ira:

—¡No! ¡Esto no, Dios mío!. . . ¡Malditos! ¡Asesinos!

Saqué la piedra blanca hecha pedazos de mi bolsa y lentamente se la mostré:

—¿Te acuerdas?. . . Es la que me regalaste cuando nos conocimos, aquel día en que prometimos amarnos eternamente. ¡Mira cómo la dejaron! Destrozada, inútil como mi cuerpo, que ha luchado por ser un profesional, un auténtico maestro.

Deseo decirles a ti y a mis hijos que me enorgullezco de ustedes y de estar luchando por mis convicciones y por mi misión como maestro. Sé que están sufriendo igual que yo.

Perdí el equilibrio y caí sin control. Desde el suelo, vi los rostros de mis alumnos y de mi mujer tratando de ayudarme. Con gran esfuerzo me ayudaron a sentarme de nuevo y fluyeron desde mi interior las palabras de gozo:

—Estoy feliz y satisfecho, el camino que me ha tocado vivir en su compañía ha sido espléndido, lleno de esperanza y de dicha.

En mis bolsillos busqué un papel donde había escrito su canción, esa canción que con tanto amor le dediqué:

—"VIVAMOS NUESTRO AMOR,
VIVAMOS NUESTRO AMOR,
ACTUEMOS CON FERVOR,
VIVAMOS ESTA VIDA;
TAN BELLA DEBE SER,
VIVAMOS NUESTRO AMOR,
VIVAMOS NUESTRO SER,
ACTUEMOS CON FERVOR,
VIVAMOS ESTA VIDA;
TAN PLENA DEBE SER."

Todo se esfumó cuando oí unos pasos aproximarse y volví a la realidad. Era la hora de la tortura, venían por mí. Escuché a mis alumnos:

—¡YA VIENEN OTRA VEZ!

—¡LO VAN A VOLVER A TORTURAR! ¡VÁMONOS!

Escondí mi legado en el pecho, cerca del corazón. Únicamente dejé encima de la mesa el mensaje a la humanidad.

Claudia, con tristeza en sus ojos volvió a preguntar:

—¿Y QUÉ PASARÁ SI ENCUENTRAN AQUÍ A SU MUJER? ¿LA ENTREGARÍA A LOS VERDUGOS? . . .

Con firmeza contesté:

—¡No!, nunca. . . nunca la entregaría.

—¿Y SI LO OBLIGAN, DÁNDOLE LATIGAZOS EN LAS LLAGAS?. . . —preguntó Guillermo. Sin vacilación contesté:

—Recibiría los latigazos, pero nunca la entregaría ni a ELLA, *ni a mi* misión de maestro. *¡Nunca! Sin ellos, que son mi razón de existir, ¿qué sentido tendría la vida?. . .*

Los verdugos llegaron para sacarme de la celda y escuché que decían:

—LES DIJE, MIREN CÓMO SE RÍE, COMO SI HABLARA CON ALGUIEN. ¡ESTE HOMBRE ESTÁ LOCO! . . . ¡ESTÁ HECHO UNA LLAGA!. . .

—FUERON DEMASIADOS LOS TORMENTOS —dijo el otro—; SUS MOVIMIENTOS SON RAROS, HACE UN RATO PARECÍA QUE ESTABA HABLANDO Y CANTANDO CON SERES IMAGINARIOS.

—¿POR QUÉ HABRÁ SOPORTADO TANTO? . . . —escuché que decía otra voz. De pronto retumbó la voz del jefe:

—¿TERMINÓ DE ESCRIBIR Y FIRMAR SU NEGACIÓN? ¡VEAMOS!

Con la mirada ordenó que recogieran de la mesa el papel. Al darse cuenta de que no contenía la negación, sino un mensaje a la humanidad, con furia dijo:

—¡SE BURLÓ!. . . ¡SÓLO ESCRIBIÓ MENTIRAS!

Y en forma violenta exigió:

—¡¡LLÉVENSELO!! CON ESTO ES SUFICIENTE, ¡SABRÉ CÓMO UTILIZARLO!

¿A dónde me llevaban? . . . ¿Qué me esperaba? . . . ¿En qué trampa caí?. . . ¿Qué tenía reservado el destino para mí?. . .

Antes de trasladarme lavaron torpemente mis heridas, vendando las partes más golpeadas. Estaba seguro de que era otra trampa. Sabía que no desistirían. No permití que me quitaran la pañoleta que *ELLA* había colocado en mi cabeza, ni tampoco mi legado que escondí en mi espalda para que no lo descubrieran.

Empezaron a tratarme bien e intentaron persuadirme, aconsejándome que no fuera tonto, pues nadie había logrado salir de ahí con vida.

Trasladaron mi cuerpo deshecho en una camioneta cerrada. Durante toda la noche realizaron curaciones y estudios en diferentes partes de mi cuerpo, con la

intención de que las heridas y la inflamación no se notaran.

Agradecí al Creador esa nueva oportunidad de vivir. Existía una esperanza, no estaba todo perdido. Recordé las palabras de mi Maestro:

"LA LIBERTAD ES UN DESAFÍO A LO LARGO DE LA VIDA, ALGO DIFÍCIL DE ASIMILAR Y HACER PROPIA. PARA GANAR LA LIBERTAD INTERIOR SE REQUIERE DE VALOR, VOLUNTAD Y PROPÓSITO. LA MAYORÍA DE LOS SERES PREFIEREN VERSE ATRAPADOS, EN LUGAR DE INTENTAR CONSEGUIRLA. LA LIBERTAD NO SE ENSEÑA PORQUE ES PARTE DE LA ESENCIA HUMANA".

Estaba vigilado día y noche, no permitían que hablaran conmigo mis familiares o alumnos.

Aproveché los momentos en que mis dolores estaban controlados para reconsiderar mi posición, mis alternativas de vida y las decisiones que debía tomar. Concluí que, sin desearlo, mis agresores cimentaron mi compromiso. Mi esfuerzo no fue en vano, ni el de numerosos maestros que, conscientes de su vocación, sin escuchar el canto negativo del medio, entregan lo mejor de sí mismos en su enseñanza. Además, comprendí que los comentarios y críticas que me señalaban como un idealista romántico, no eran válidos, pues ahora estaba seguro de que pisábamos el umbral de una nueva dimensión de la educación, imposible de detener, y mucho menos de medir sus alcances.

También decidí que no desistiría ni cambiaría mi misión de maestro y menos ahora que habían logrado enseñarme a soportar el dolor, a reflexionar, esperar y ayunar. . .

Sin respeto a mi persona me transportaron en una camilla hasta el centro de una majestuosa sala de la Suprema Corte de Justicia.

Al no poder moverme, mis ojos veían constantemente al techo y a una gran cúpula con un vitral. Al centro había un enorme candil cuya luz lastimaba mis ojos.

Escuchaba murmullos y lejanas voces. De pronto retumbaron en la sala porras y gritos de la juventud:

—¡VUELVE. . . MAESTRO, VUELVE!. . . ¡VUELVE. . . MAESTRO, VUELVE!

Invadiendo la sala, empezaron a repartir volantes. En apoyo a mi misión gritaban:

—¡AYÚDENNOS A SALVARLO. . . !

—¡NO DEBE MORIR!

—¡ES NECESARIO QUE EL MAESTRO VIVA!

¡El maestro no debe morir, es un ser humano pleno de grandeza y sabiduría!

¡¡Ayúdennos a salvarlo!!

Un joven me entregó un volante que decía:

"A TI, MIEMBRO DEL JURADO:

EL MAESTRO NO DEBE MORIR, ES UN SER HUMANO, PLENO DE GRANDEZA Y SABIDURÍA. ES LA ESPERANZA DE LA HUMANIDAD. TU MISIÓN COMO PADRE, OBRERO, POLÍTICO O SACERDOTE ES SIMILAR A LA DEL MAESTRO QUE EDUCA CON AMOR, ENTREGANDO LO MEJOR DE ÉL MISMO. . .

¡AYÚDENNOS A SALVARLO!. . .

¡EL MAESTRO DEBE VIVIR!

¡GRACIAS POR TU APOYO Y CLARIDAD DE CONCIENCIA. . . !"

LA JUVENTUD

Un hombre nervioso e inseguro se acercó, y me notificó al oído:

—YO LO DEFENDERÉ, SOY SU DEFENSOR DE OFICIO.

¿Quién era? ¿Quién lo mandó?. . . —surgieron grandes dudas en mi mente—. ¿Cómo iba a defenderme si no conocía mi caso?. . .

No tuve tiempo para reflexionar porque entró el ujier ataviado con una toga gris y llevando un bastón en su mano y con voz solemne solicitó:

—RUEGO A TODOS SE PONGAN DE PIE. . .

Cuando todos estuvieron de pie, observé la presencia de mi mujer y mis hijos. En silencio entró el juez, luciendo una elegante toga dorada, y golpeando su bastón el ujier anunció:

—LA CORTE ENTRA EN AUDIENCIA PÚBLICA. SE PRESENTA EL CASO DEL MAESTRO ACUSADO DE CORROMPER A LA JUVENTUD CON IDEAS EXTRAÑAS.

El juez, al verme en la camilla vendado y sin movimientos preguntó:

—¿ES EL ACUSADO?. . .
—¡¡¡SÍ!!! —contestó el fiscal.

El juez volvió a preguntar:

—¿QUÉ LE PASÓ?. . .

Y el fiscal contestó con dolo:

—LO GOLPEARON SUS ALUMNOS POR INSULTARLOS Y ENGAÑARLOS.

Se escuchó un murmullo que se fue convirtiendo en un grito unánime:

—¡¡ESO ES FALSO, ES UNA CALUMNIA. . . MIENTEN!!

El oportuno golpe del mazo del juez acalló esa interrupción; dirigiéndose al fiscal, demandó:

—PRESENTE LAS PRUEBAS DE LA ACUSACIÓN. . .

El fiscal dudó un instante, y dando por sentado que yo era culpable, recobrando la seguridad se dirigió al jurado:

—SEÑORES DEL JURADO, NO LOS HARÉ PERDER SU TIEMPO. ESTE ES UN CASO CLARO DE CORRUPCIÓN EN CONTRA DE LA JUVENTUD, LA QUE DESEOSA DE APRENDER Y DE PARTICIPAR EN EL DESTINO DE LA HUMANIDAD, CAYÓ EN LAS GARRAS DE UN MAESTRO SIN PRINCIPIOS —y señalándome, continuó—; CON PALABRAS BONITAS PERO VACÍAS,

ESTE HOMBRE DESORIENTA LA MENTE TIERNA Y FRÁGIL DE LOS JÓVENES.

PRESENTARÉ A USTEDES LA PRIMERA PRUEBA TESTIMONIAL, QUE CONTIENE DE SU PUÑO Y LETRA, LAS IDEAS EXTRAÑAS QUE ESTE SUPUESTO MAESTRO OCULTABA ENTRE SUS PAPELES Y QUE UTILIZA PARA JUSTIFICAR SU LABOR PERTURBADORA Y LA CUAL A LA LETRA DICE:

"MENSAJE A LA HUMANIDAD"

"He perdido el habla, pero siento la responsabilidad de participar a ustedes, mis alumnos, y al mundo, mis encuentros, las habilidades y experiencias que el Creador me otorgó. Porque sólo Él sabe que mi corazón y mi vida las he dedicado a cumplir con mi misión de maestro.

"En el camino perdí el habla, algo valioso para un maestro, pero he logrado mantener vivos mis pensamientos, convicciones e ideales. Estoy convencido de que cuando florezca en cada maestro el compromiso de cumplir con amor y entrega la misión profesional que cada uno ha aceptado, los maestros

tendremos el derecho de volver a hablar. Mientras tanto, hablaré desde mi interior y sólo se escucharán mis pensamientos, no mis palabras.

"He luchado y lucharé hasta la muerte porque en este momento histórico todo aquel que tenga algo que dar: sea padre, directivo, político o campesino, participe con entrega y amor en la formación de un nuevo ser, capaz de utilizar su potencial y su poder para devolver la confianza, la credibilidad, la energía, los valores y el respeto al hombre mismo y a sus instituciones. . .

"Creo y siento que en cada uno de nosotros se encuentra algo maravilloso, cuya naturaleza da razón al movimiento evolutivo y renovador de la vida y nos orienta hacia la búsqueda del proceso positivo de crecer, lograr, dar y amar con plenitud.

"Por eso, me comprometo a buscar caminos educativos que desencadenen el potencial natural del hombre para que, orgulloso del dominio exterior que ha alcanzado, emprenda su conquista interior, que será fuente de nuevas respuestas para el futuro y la problemática actual.

"Comprendí que la educación debe enseñar al hombre a pensar, a crear y a actuar por sí mismo, a ubicarse, entender, buscar razones para existir y a identificar e integrar sus valores, así como a desarrollar habilidades y motivos que lo lleven a respetarse y amarse, así como a sus semejantes.

"A través de experiencias y observación, encontré que el cambio de actitud, valores y conductas se logra mediante procesos educativos donde el compromiso y la realización del hombre sean fuente y esencia. Soy responsable, como maestro, padre y profesional, de despertar y estimular el espíritu del hombre para que con coraje y orgullo natural enriquezca su SER y supere la despersonalización, decidiendo enfrentar la vida y gozarla plenamente".

"¡AMO LA VIDA. . . Y LA MISIÓN DEL MAESTRO!"

—¡¡BASTA!! —dijo el juez—, ES SUFICIENTE.

El fiscal, dirigiéndose otra vez al jurado ratificó:

—CON LA VENIA DE SU SEÑORÍA, DEBO PEDIR AL JURADO QUE LEA TOTALMENTE ESTA PRUEBA, PARA QUE NO CAIGA EN EL ENGAÑO. ¡EL MAESTRO DEBE MORIR! . . . SABEMOS QUE USTEDES, MIEMBROS DEL JURADO, SON PERSONAS INTELIGENTES, HONESTAS Y MORALES Y QUE ESTARÁN DE ACUERDO CON LA JUVENTUD Y CON LOS HOMBRES DE PRINCIPIOS. . . ¡EL MAESTRO ES CULPABLE! EN SU DELIRIO, ESTE SEUDOMAESTRO PERDIÓ LA NOCIÓN DE LO QUE ES LA VERDAD Y LA JUSTICIA, DESORIENTANDO A NUESTRA JUVENTUD, QUE ES LA PROMESA DEL MAÑANA, HACIA QUIMERAS Y MUNDOS FICTICIOS. ESTOY SEGURO DE QUE

USTEDES, MIEMBROS DEL JURADO, SABRÁN AQUILATAR A ESTE CHARLATÁN, DE QUIEN SU PROPIO AMIGO. . . —sorprendido, vi que el fiscal señalaba a "mi amigo", el que me consiguió el trabajo de maestro y, con mayor seguridad, continuó— ESTÁ SEGURO QUE ES UN PERTURBADOR DE MENTES TIERNAS E INOCENTES. ¡EL MAESTRO DEBE MORIR! ¡¡GRACIAS!!

Era un absurdo que me acusaran basándose en el mensaje de amor y esperanza que había dedicado a la humanidad.

"Mi amigo" envió a través del fiscal una nota al juez, éste la leyó y llamó al ujier. Con movimientos solemnes el ujier informó:

—¡EL JURADO ESTÁ SATISFECHO CON LAS PRUEBAS. . . SIGUE LA DEFENSA!

El defensor de oficio se acercó a mí, con movimientos torpes e inseguros. Le pedí un papel y lápiz y con esfuerzo escribí mi defensa. "Mi defensor de oficio" la leyó varias veces indeciso y nervioso. Veía cómo estaba esperando una señal de "mi amigo"

o del fiscal. Al recibir la aprobación, sin convencimiento, comenzó a hablar tartamudeando:

—EL MAESTRO QUIERE QUE SEA LEÍDA SU DEFENSA, QUE A LA LETRA DICE:

—Señores del jurado:
Sólo El Creador y el Ser humano
consciente y comprometido
con el futuro de la humanidad,
entienden mi verdad y el significado
real de mis inquietudes para lograr
el compromiso a la excelencia
educativa.
Por lo tanto, deseo que la acusación
leída por el señor fiscal,
que expresa mis ideales y
encierra mis pensamientos y
convicciones
sea mi propia defensa. ¡Gracias!

Durante unos instantes se hizo un silencio total en la sala, y después comenzaron a escucharse los gritos y vítores de la juventud. Un torbellino emocionado bramó:

—¡BRAVO. . . MAESTRO, BRAVO. . . TU VERDAD SERÁ NUESTRA!

—¡¡¡SILENCIO!!! —gritó el juez y pegando varias veces con el mazo señaló:

—SI NO HAY UNA CORRECTA INTERVENCIÓN Y PARTICIPACIÓN DE LA JUVENTUD, SE LE OBLIGARÁ A DESALOJAR ESTE LUGAR. . . DONDE SE IMPARTE LA JUSTICIA Y EL ORDEN.

Dirigiéndose al jurado solicitó:

—SEÑORES DEL JURADO. . . ESPERO SU VEREDICTO, ¿CULPABLE O INOCENTE?. . .

Mientras el jurado deliberaba sobre la sentencia de muerte o la libertad para cumplir con *mi misión de maestro*, me trasladaron a un separo oscuro, húmedo y triste. Rescaté de mi espalda mi legado y escribí mis últimas experiencias. . . Pido al Creador que este legado logre llegar a espíritus y corazones deseosos de SER en cualquier oficio *Verdaderos Profesionales* que a pesar de las circunstancias sean capaces de participar entregando lo mejor de sí mismos en cada momento y acción, y que sean sordos al conformismo y al comportamiento estéril de los mediocres asalariados; y tristes dependientes, manipulados.

Sin esperar el veredicto del jurado, reafirmé mi compromiso: ¡Seguiré luchando porque la misión del maestro viva. . . viva eternamente!. . .

En mi mente, como un rayo de esperanza, se escuchó el grito suplicante de la humanidad:

¡VUELVE MAESTRO. . . VUELVE!

"Cuando florezca en cada profesional el compromiso de cumplir con amor y entrega la misión que ha aceptado, tendremos el derecho de hablar".